池田大作

新人間革命

第三十卷（下）

書名：新・人間革命（第三十卷下）
著者：池田大作
譯權：創價學會
編輯：香港國際創價學會出版局
出版：天地圖書有限公司
香港黃竹坑道46號新興工業大廈11樓（總寫字樓）
電話：2528 3671　傳真：2865 2609
香港灣仔莊士敦道30號地庫／一樓（門市部）
電話：2865 0708　傳真：2861 1541
印刷：亨泰印刷有限公司
香港柴灣利眾街27號德景工業大廈10字樓
電話：2896 3687　傳真：2558 1902
發行：香港聯合書刊物流有限公司
香港新界大埔汀麗路36號中華商務印刷大廈3字樓
電話：2150 2100　傳真：2407 3062
版次：二〇二〇年八月香港第一版

ISBN 978-988-8549-00-9

內頁插圖：內田健一郎
封面繪圖：蘇東天

Chinese orthodox language edition published by
Cosmos Books Ltd., 2020

目錄

曉鐘（下）

越過大西洋，山本伸一一行在一九八一年六月十六日下午三點前，抵達紐約的甘迺迪國際機場。這是時隔六年重訪紐約。

在紐約，因為以前赴任當地宗門寺院的住持狡猾地不斷批判學會，受到動搖的人攪亂了組織，導致難以團結起來。伸一決心要徹底與會員見面，徹底向每個人教授創價學會為地涌使命而奮戰的確信與驕傲。

而且，美國廣宣流布以洛杉磯等西岸城市為起點，紐約等東岸的廣布發展也是今後的課題，為此也要培育人才。

他在此日和翌日也多次跟包括紐約在內的東北部的核心幹部懇談，再三指導。

「美國是自由的國家，所以尊重大家的意思很重要。幹部不能單方面把自己的意見強加於人，必須充份地交換意見後才推進各項事情。

如果意見不一致，不要感情用事，互相對立，要返回御本尊、廣宣流布的原點，一起齊心唱題。

如聖訓所言：『佛法是道理』（〈覆四條金吾書〉，御書一二一七頁），發表活動方針等時要合情合理，能夠讓大家信服。就是說，要經常注意說話是否合乎道理。道理是說服眾人的力量。從這個意義來看，也要磨礪教學力。

只要能把御書深深扎根於各自的人生態度，就不會輕蔑、憎惡同志，也不會嫉妒、怨恨，就能夠齊心一致。

御書是自己的規範，是反映生活方式的鏡子。所以，批評他人之前要用御書對照自己的言行和想法。這就是實踐佛法的人應有的態度。」

此外，因為美國也有很多日裔幹部，所以伸一要談談平日推進活動時需要注意的地方。

「日裔幹部要特別注意，不要將日本的想法和做法套用在美國。美國是多民族國家，每個人的想法和價值觀也不一樣。正因如此，大前提是需要逐一確認基本的事情，取得同意。若抱有美國也像日本社會那樣『不言自明』、『以心傳心』等這種想法，就會造成誤解。」

進而他又談到大家團結一心推進世界廣布的重要性。

「不僅美國，所有國家的會員都要遵守、尊重各國的法律和習俗等，作為良好市民和睦地推進活動。聖訓教導『異體同心則萬事成』（〈異體同心事〉，御書一五四〇頁），同志必須同心一致，加速推進世界廣布的潮流，使世界廣布永遠存續。

廣宣流布的原動力就是創價的師弟。所以，幹部不是讓會員跟隨自己，而是指導大家在師弟的大道上邁進，這一點最為重要。

為此，幹部本身要以清新的求道心匯入、走進創價的主流，自我中心就像是離開清流的水窪，不久水就會變得混濁，然後乾涸。這樣是不可能把會員帶到幸福與和平的大海。

而且，齒輪若不咬合廣宣流布的基軸，就無法轉動，即使轉動也是空轉。因此，無論如何也要匯入、走進創價的主流、咬合齒輪、呼吸一致。這就是向世界廣布邁進的領導必須持有的心。」

伸一痛感到，現在創價學會作為世界宗教迎來了大大地飛躍的時候。為此，最重要的是立足於廣宣流布的信心，構築堅定不移的異體同心的團結。

十八日正午，伸一作為聖教新聞社的社長，訪問曼哈頓洛克菲勒中心的AP通訊社。參觀通訊社後，和基思．富勒社長等人會談，就種族問題、媒體責任及使命等多方面交換意見。

伸一談到讓全世界正確地了解世界各地發生的事情是「邁向和平的最有效方法」，對該社的奮鬥與努力表示敬意。

他又指出，當經濟等不安加深時，人會更重視眼前的利益多於理想，情感先於理性，造成排外的社會。為了使人們提高對和平及社會貢獻的意識，不被自己的情感擺佈，成為「心之師」的真正宗教是必要的。富勒社長也用力點頭，表示贊同。

離開ＡＰ通訊社後，伸一訪問位於曼哈頓公園大道南的紐約會館。

這是一間細小的會館，在大樓一樓，只有約八十張椅子。聽說伸一來訪，聚集了很多會員，場內已沒有站立的空間。

「Good afternoon!（午安）很高興能見到大家。為了紐約的廣宣流布，為了大家的健康和幸福，一家繁榮，讓我們一起勤行吧。」

伸一深深地祈念，希望紐約的同志一人不漏地成就信心，構築不崩潰的幸福境界，並成為備受社會信賴的有為人才。

然後他講述了信心的最根本、南無妙法蓮華經的偉大力量和唱題的重要性。

向御本尊祈求就是信心的根本。學會組織、學會活動就是為了教導大家這一點而有的。無論是指向廣宣流布前進的活力、轉換宿命的挑戰，還是加強團結的力量，都是從每個人立足於對御本尊的大確信和強盛的祈求開始。

伸一拜讀御書，給予指導。

「聖訓教導：『我等於生老病死，唱奉南無妙法蓮華經，即是「吹四德香」也。』

（〈御義口傳〉，御書七七三頁）有些人被宿命的烏雲籠罩，不得不痛苦地活在不幸之中。不，可能很多人都是這樣。然而，我們通過唱誦南無妙法蓮華經，就能用常樂我淨的香風吹散苦惱的烏雲。

又說：『所謂南無妙法蓮華經，是歡喜中之大歡喜也。』（同上，御書八二四頁）相信人生有各種各樣的快樂吧。但覺知自身是佛，唱唸南無妙法蓮華經，才是歡喜之中的大歡喜。

得到了想要的東西，得到了名譽或名聲，這種喜悅是外在的東西，轉瞬即逝，絕不永久。

相對於此，只要勤勵唱題，就能打開自身生命的大宮殿，最高的喜悅生命，即大歡喜就能像泉水一樣從心底湧現出來。而且，不論經受怎樣的考驗，處於怎樣的逆境，此歡喜之泉都不會乾涸。

御書還有『真實止得一切眾生色心之留難，其秘術是唯南無妙法蓮華經』。（〈覆四條金吾書〉，御書一二一八頁）諸天善神、三世十方諸佛承諾，定必維護唱誦南無妙法蓮華經的我們。所以徹底唱唸題目，就是跨越任何難的秘訣，就能夠藉此享受人生的最高幸福。

Yamamoto Sensei
Welcome home to N.Y.
We love you!!
先生ようこそ お帰りなさい!!
団結と信心第一で頑張ります!!

請大家要確信，與御本尊、與題目一起活到底，就會有所願滿足的最高人生，所以要勤勵佛道修行，磨礪自己的生命。不要受他人的言行左右，忽喜忽憂，要徹底唱題，成為一個能夠說『我最喜愛唱題』的人。」

「唱題的人」是心如萬里晴空的人，是大歡喜的人，是幸福的人。

十九日下午，山本伸一出席在紐約州的格倫科夫市召開的東北部代表會議。

當天集結了二百多名會員。除了當地紐約的會員外，還有從波士頓、費城以及與加拿大交界的小鎮趕來的。

由於會場建築物裏安奉御本尊的房間狹小，所以勤行分成了幾組進行，都是由伸一擔當導師。伸一還在綠蔭下舉行懇談會，他一邊擦汗一邊走進會員當中，連聲打招呼。

看見一位婦人神情有點黯然，就這樣鼓勵：「只要貫徹信心就一定能驅走任何苦惱，度過幸福的人生。只要認真唱題，致力於學會活動，你就會變成太陽發放光芒，照亮一家、照亮社區。淚水跟太陽不相配，要當一個開朗的微笑之人。」

懇談之後大家欣賞輕音樂。

紐約是世界著名的文化城，會員裏也有很多著名的音樂家。世界級樂手組成的輕音樂隊演奏了《荒城之月》、《飛越彩虹》。

這些會員經常活躍於學會活動的最前線，還積極探訪會員家等，開會時也高高興興地給大家搬椅子。

伸一聽後說：「真可貴！真讓人高興！這就是真正的創價學會。在御本尊前，學會的役職、社會的地位或名譽都毫無關係。佛道修行沒有特權階級，人人平等。越是付出辛勞、勤勵信心，就越能轉換宿命，越發幸福。而且大家同樣作為佛子互相尊敬，這就是學會的世界。」

創價學會有真正的共和。

伸一出席下午一點開始的代表會議後，五點多和三十多名核心會員舉行懇談會。會上伸一說：「聽說紐約州的口號是『我愛紐約』。愛自己的城市和社區非常好。社區廣布也從這顆心開始。」

進而他訴說，希望大家把「我愛紐約創價學會」作為另一個口號，互相尊敬、互相信賴地邁進。因為這包含了推進廣布的關鍵——團結。

之後，伸一還和青年代表懇談，他們都是擔任工作人員等負責運營的會員。青年無所顧忌地陸續提問。也有青年提出希望伸一贈送指針的要求。肩負下一個時代的年輕人充滿求道心，令他很高興。

其實，伸一在抵達紐約第二天（十七日）的早上就開始作詩，贈給美國青年前進的指針。他和青年懇談翌日的二十日早晨，再經過推敲，詩終於完成了。

此日下午，伸一參觀位於紐約郊外長島的大詩人惠特曼出生的故居。

伸一從巴黎來到紐約的十六日，青年送來惠特曼的評論集及其日譯本，還附有一封信，誠意邀請他參觀惠特曼故居。他要回應青年的真情。

詩人的故居樓高兩層，坐落在一片青蔥草地之中，樹木茂盛，彷彿留存着質樸剛健的開拓者精神。

伸一的腦海裏浮現惠特曼的詩句——「開拓者！啊，開拓者！」（《草葉集》，惠特曼著）這是一首和踏上開拓廣布之路的創價精神相通的氣宇宏大的詩歌。伸一也從中獲得很大勇氣。優秀的詩歌喚醒希望，賦予生存的力量。

惠特曼故居的一樓是他出生的房間、客廳和廚房。

廚房裏陳列着製蠟燭機、烤麵包機、大水罐和扁擔等，讓人聯想到在原野中自給自足的生活。

二樓的房間展示各種遺物：手稿影本、肖像畫、悲慘的南北戰爭時的日記……。

也有愛默生關於詩集《草葉集》的信件。打破形式的革新詩篇，當初並不受歡迎，理解者寥寥無幾。在此之中，愛默生對惠特曼的詩刮目相看，讚不絕口。

目標越是革新，先驅者的征途越危險、孤獨，因為人們難以理解過去沒有先例的東西。創價學會指向的廣宣流布、立正安國也是展開人類史無前例的新宗教運動，是以開啟每個人內在無限可能性的人間革命為機軸，由民眾雙手創造的、為民眾自身幸福的時代和社會。因此要得到人們正確的理解無疑是需要漫長的歲月，因為廣宣流布的前進是漸進的步伐，要鍥而不捨地對話，以自己的行動、為人之道和人格來給他人教示佛法，踏實地擴大共鳴的網絡。而且必須知道，路途上會有出於不理解的非難、中傷、迫害、鎮壓的狂風惡浪。

惠特曼吟詠：

「好，出發吧！超越困難與險阻！

一旦設定的目標是不能取消的。」（《草葉集》，惠特曼著）

對於伸一來說，惠特曼是他自青春時期就非常熱愛的詩人之一，《草葉集》更是經常放在身邊的書籍。他想起曾經把該書中的這一節贈給信越男子部員，呼籲他們向廣布新開拓出發。

經過苦戰惡鬥的靈魂發放金剛的光輝。

惠特曼於一八九二年三月因肺炎去世，享年七十二歲。喪禮不是由神職人員主持，而是由他的友人朗讀佛典和柏拉圖的著作等，讚頌他、送別他。拒絕宗教權威的儀式是詩人的遺志。

他在《草葉集》初版的序言中寫道：

「新的神職人員將成群地登場，成為引領人的導師。」

一九九二年三月舉行紀念惠特曼逝世一百週年活動，美國惠特曼協會給山本伸一寄來邀請函。由於他無法出席，於是作了一首詩《像升起的太陽》，獻給敬愛的民眾詩人惠特曼。詩中這樣吟詠：

誰也不是　他人的主人　也不是奴隸——
政治　學問　藝術　宗教
都是為了人
為了民眾——
粉碎種族偏見　打破階級壁壘

為了讓民眾
分享自由與平等
詩人　竭盡全力　不停地歌頌

詩人的詩歌正是
新時代的宣言！

他比誰也愛惜民眾
不　最重要的是
他自己
畢生也是自豪的無冕民眾

佇一參觀惠特曼故居，遙想美國文藝復興的往昔。他在心裏發誓：「我也要在推進廣宣流布這一生命的復興運動當中，畢生為人們持續撰寫鼓勵的詩篇、希望的詩篇、勇敢的詩篇。」

在伸一離開惠特曼故居的下午四時左右，於紐約市一所高中的講堂舉行了日本親善交流團和美國會員的日美親善聯歡會。紐約的合唱團用日語演唱《向上走》、《森崎海岸》，表演芭蕾舞和舞蹈；日本交流團則以日本各地的民謠和日本舞蹈回應，共同度過了一段溫暖的文化交流時光。

然後發表了伸一的詩《贈給我心愛的美國地涌年輕人》，青年用英語朗讀的聲音震響會場。

當此患病的世界
美國大陸
也同樣搖動
將要患病嗎
過去的美國天地
全世界嚮往
多麼嶄新
是自由與民主的象徵

伸一在詩中訴說，護持妙法的青年擁有讓這個心愛的祖國美國、世界甦生的使命。

高聲唱誦妙法
腳踏社會的大地
扎根開花
為這個人　為那個人
為這個社區的人
為遙遠的友人
奔走宣說下去

又歌頌人種共和的美國是「世界的縮影」。在這裏不同民族的結合與連繫，正就是世界和平的縮影。

人類和平並不在遠方，而是從自己能否克服偏見、歧視、憎惡、對立，信賴、尊敬周圍的人開始。

伸一繼續呼籲：

即使意見不同
你們只要不忘
明確目的向前邁進！
今日也學習
今日也行動
今日也發揮使命
而且今日也有意義地前進一步
明日又颯爽地前進一步
日日和尊貴的妙法冥合
宛如蓮華之花
在社會泥沼中綻放
擦着汗攀登
造就尊貴自身的坡道

信仰
就是無所畏懼
就是無所動搖
是跨越一切的力量
是解決一切的泉源
是戰勝一切的
痛快的人生前路的引擎

伸一很想向他們傳達，廣宣流布這一新時代的建設，就是一步接一步，日日踏實地不斷前進。也希望他們知道，這奮鬥是從戰勝自己的人間革命的奮戰開始。

詩篇的結尾宣佈，現在把接力棒交給後繼的青年。

我把廣布的一切行動
託付給諸君
正因為相信所有的後繼

所以正奔走在世界各處
我相信你們
由小路開闢至大道
所以我快樂幸福

熱烈的掌聲震撼會場。美國青年毅然奮起，把這靈魂的話語銘刻在生命裏。

山本伸一從紐約出發，飛抵加拿大的多倫多國際機場已是六月二十一日下午四點多。在機場，加拿大的魯·弘·泉谷理事長和他的妻子埃利·照子·泉谷議長等很多會員拿着花束和加拿大國旗歡迎伸一一行。

一九六〇年十月，伸一第一次出訪海外時訪問過多倫多，時隔二十一年重訪加拿大。回想起來，那時在機場迎接伸一他們的只有尚未入會的照子·泉谷。

當年三月，她和日裔第二代的加拿大人、在貿易公司工作的弘·泉谷結婚，四月才到加拿大。伸一到達的那天早上，她收到在日本的母親從日本寄來的航空信。母親是學會員，信中內容寫着山本會長訪問加拿大，吩咐照子·泉谷務必到機場迎接。

可是，她猶豫該不該去。懷孕在身，身體不適，要是被學會員折伏，那就不好辦了。她以前聽母親講及功德之類的説話，認為是迷信，落後於時代，抗拒信心。但是若不去，便覺得辜負了母親的心願，是不孝。最後還是去了機場。

伸一從心裏感謝她的迎接，並詢問她的家庭狀況等，還解釋了「為甚麼信仰對人生很重要」，告訴她佛法就是生命的法則。

一年零七個月後，經常生病的她抱着希望能健康起來的心情，主動開始了信心。她入會不但想讓丈夫不必擔心自己的身體，而且也想讓母親放心。

種下心田的妙法種子，時機一到就必然發芽。重要的是讓與自己有關連的人結下佛緣，播下種子。

「我一人奮起」，「用自己的雙腿勇敢前進」（《艾米麗·卡爾：反叛的畫家》，凱特·布萊德著）——是加拿大畫家、作家艾米麗·卡爾的氣概。

致力於信心的照子·泉谷獨自開始活動。她借助從日本送來的《聖教新聞》，找認識的人進行佛法對話。

參加開會等活動，必須搭乘長途巴士或飛機越過國境，前往美國的水牛城或者紐約。丈夫充份理解她的信心，經常開車接送，但是他本人不想入信。

丈夫弘．泉谷於一九二八年在加拿大的溫哥華島出生，他父親從和歌山縣來到加拿大，全家靠打魚為生。

一九四一年太平洋戰爭爆發，日本成為英聯邦加拿大的敵國。翌年日裔人被關進洛磯山裏的集中營，嚴冬季節氣溫下降至最低零下二十度。

為了向加拿大盡忠，有些青年自願參軍。有人卻譴責這是「背叛」行為。日裔之間產生矛盾，連心都分裂了。

戰爭結束，日裔人卻無家可歸，被迫選擇回日本，或移居東部。

弘的父親已經七十多歲，希望落葉歸根，於是一家便回到父親的故鄉和歌山縣。

不久，弘決定到東京上大學，一邊在駐軍基地的店裏打工，一邊學習。他努力學習不熟練的日語，並考上了慶應大學經濟系。畢業後在外資銀行工作，但越來越想回到加拿大，成為和日本之間的橋樑。因此，他到日本貿易公司的多倫多辦事處工作。

被戰爭折磨的人擁有為和平活到底的使命。

一九六〇年，弘．泉谷工作的日本貿易公司設立當地法人。同年，他和在日本相識的照子結婚。照子春天到加拿大，山本伸一第一次訪問加拿大時，她在多倫多機場迎接了伸一一行。

後來，入會的照子決心畢生為加拿大廣布奮鬥。雖然在勤勵學會活動當中，丈夫予以協助但不實踐信心，令照子總是掛慮。

一九六四年秋天，照子回日本，拖着名叫卡倫的可愛小女孩的手到學會本部見伸一。她就是四年前在媽媽的肚子裏，和媽媽一起迎接伸一的女兒。

在加拿大開始信心的照子，一定經歷了很多的痛苦和艱辛。她眼泛淚光說起來，伸一點頭聽着，並用有力的聲音說：

「相信每天都面對艱辛的挑戰吧。但是按照御書經文來看，你是在久遠的過去誓願廣宣流布，作為地涌菩薩出現在加拿大的天地。因此要自覺並決心徹底完成自己的地涌使命。要確信，這樣的人生才是最尊貴，才有最高的歡喜、最高的充實、最高的幸福。

人有各種各樣的宿命，不知道人生會遇到甚麼。即使看上去多麼富裕的人，也不能解決老、病、死的問題，心裏有不安和煩惱。我們要告訴所有人確立牢固的、絕對幸福境界的道路，為轉換社會、國家和人類的宿命這前所未聞的聖業而努力。若從這角度看，辛勞不就是當然的事嗎？迷茫使人懦弱。下定決心，就會湧現出無限的勇氣和無限的力量。」

只要下定決心，就能奠定生存方式的軸心。這個人成為組織的軸心，廣宣流布的齒輪便會開始轉動。

伸一又提及照子·泉谷的丈夫弘：

「不要把信仰強加給丈夫，要當一個好妻子，構築幸福的家庭。顯示信心了不起之處的，就是你作為妻子、作為人的言行舉止和生存方式。祈願一家和樂，聰明、誠實地與丈夫相處，他實踐信心的日子必定到來。」

照子·泉谷全心全意地接受這指導。她取得加拿大國籍後，決心在這片紅葉和人華美麗輝映的加拿大大地上落地生根。無論多麼悲傷、艱辛，她也不對丈夫發牢騷，把一切藏在心裏，痛苦時就向御本尊誠心唱題。

她作為妻子守護家庭，作為母親養育三個孩子，並且明朗活潑地開闢加拿大廣布的道路。弘教也扎扎實實地擴展開來。

一九八〇年三月，丈夫弘決心開始信心。當天照子跟丈夫懇切地談到深夜，並說「我想和你一起勤勵信心，共同幸福起來。」這時，弘非常喜歡的兩個姐姐相繼病故，他正面對着宿命的難題，也讓他想起因戰爭而被迫在集中營生活的少年時代。

當遭遇以自身的力量不能解決的不合情理的事情時，人稱之為「命運」或「宿命」，視為超越人為的力量所引起的。佛法用生命的因果法則究明其原因，並說出宿命轉換的方法。

雖然比妻子晚了十八年，但丈夫決意踏上創價之路。這天晚上夫婦第一次一起勤行。外面下着大雪，然而屋子裏充滿歡喜，熱淚潤濕了照子的臉頰。

一九八〇年十月山本伸一在北美進行指導，預定訪問加拿大。但即將從芝加哥機場出發之際，飛機的引擎發生故障，不得不中止訪問。想到大家正在等待，他感到痛心。當時伸一贈給照子・泉谷議長一首和歌。

不能忘　在加拿大天地　你奮起
廣布的黎明　終於到來

在訪問洛杉磯時，他邀請加拿大代表到來懇談。照子・泉谷和丈夫弘・泉谷一起前往。弘是一位敦厚、五官端正的紳士，聽說和伸一同齡。

伸一緊緊和他握手，從心裏祝福他入信，二人合影留念。照子從旁看着丈夫，淚光閃閃。

八個月後，伸一實現了訪問加拿大，這次泉谷夫婦到多倫多國際機場迎接。

在加拿大期間伸一盡量和弘·泉谷一起行動，希望他作為肩負加拿大法人工作的理事長，好好學習並掌握徹底保護會員的精神。

伸一對作為組織的核心人物、開闢了廣布道路的議長照子說：「要是沒有丈夫的協助，恐怕走不到今天。加拿大組織大大地發展過來，多虧你的丈夫啊！」

人往往在事情成功時認為是自己的力量。然而，成功的背後必定有很多人在盡力幫忙。時刻不忘這一點，謙虛地懷着感謝大家的心，才能成為常勝的領導人。

二十二日，伸一訪問加拿大的第二天，上千名同志參加在多倫多市內的酒店大廳隆重舉行了紀念加拿大廣布二十週年總會。這是充滿希望、朝向新世紀新出發的大會。

席上，伸一談到約時隔二十一年重訪加拿大的喜悅，並回想起第一次訪問，講及一人奮起的重要性。

「『零』乘上再多的數字也是『零』。如果是『一』，由此就能無限地展開。由於泉谷議長為廣宣流布勇敢地挺身而起，加拿大的廣布歷史從此開始了大發展，以至現在能有上千名同志聚集在這裏。

一切從一個人開始。這人把妙法此幸福原理傳授給人們，培育出勝過自己的師子，組成人才隊伍，這就是地涌之義。

把御書裏這些話一一變成現實，就是我們創價學會的使命，這也能夠讓我們以身拜讀御書。」

伸一在這裏談了此次訪問蘇聯等國家，和政府要人、有識之士會談的情況。

「我一直訴說，對於人類來說和平才是最重要的。

宣說萬人皆具備『佛』生命的佛法，就是證明生命尊嚴的哲理，構成和平思想的根幹。佛法當中搏動着對他人的寬容與慈悲的精神。這種思想與讚美戰爭、使民眾順從並走向死亡的勢力不得不對立。所以學會在戰爭期間受到以國家神道為精神支柱，推動戰爭的軍政府鎮壓。

我不是政治家、外交官，也不是經濟界人士，但作為一個平凡的市民，作為一個人，以佛法為根本，為實現和平而繼續對話。

這是因為佛法教導人是平等、無比尊貴的。而我確信讓各國人民共同分享此佛法精神，加強超越國界的友情網絡，才是通向和平最可靠的道路。」

根扎得深、扎得牢，枝葉才茂盛。和平運動也同樣，雖然很多人希望和平，呼喊和平，但運動沒有根是無法存續的。我們創價學會的和平運動就有根，這個根就是說明尊重生命的佛法這一偉大哲理。

只要站在把每一個人視為「佛」的佛法法理，就絕對不可能做出奪去人的生命和生存權利的事情。佛法超越意識形態、民族、國家、宗教，宣說萬眾平等，人人也無比尊貴，沒有對他人的蔑視或歧視。而且，教導慈悲的佛法決不會排斥任何差異。

伸一強烈地確信，並切實感受到，廣宣流布的實踐就是把尊重生命的法理，也就是妙法的和平種子不斷地播撒在人們的心田。這會如實地成為世界和平的基礎。

接着，他談到人生的目的，是在真正的意義上獲得幸福，為此非解決「死」的問題不可。

日蓮大聖人佛法從根本上解決這個重大問題，說明生命的永遠和因果法理。立足於此佛法就能確立不動搖的人生觀，湧現跨越苦難的智慧和力量，獲得絕對的幸福境界。

伸一希望大家以此日為起點，以下一個二十年為目標，作為純潔美好的創價家族，度過所願滿足的人生，結束了講話。

總會的最後，全體合唱大家愛唱的歌曲。二十名鼓笛隊員到台上演奏，成員當中也有從溫哥華、卡爾加里、蒙特利爾等地來的。這是全加拿大鼓笛之友首次聚在一起演奏。鼓笛隊的中心者是泉谷夫婦的長女卡倫。加拿大已經培育起新一代了。

Canada

全體同志起立，臂挽臂形成大波浪，左右搖動。歌聲化作歡喜的海濤聲飄蕩。

二十三日，一千多名會員聚集在多倫多郊外的卡里多，愉快地和日本親善交流團舉行文化聯歡會。

會場是在樹木環繞的山丘，冬天是滑雪場。陽光下滑雪場上綠色的斜坡燦爛耀眼。文化聯歡會是以園遊會的形式，一邊吃午餐一邊進行活動。

不久，加拿大少年少女部員合唱拉開了小文化節的序幕。日本交流團合唱《厚田村》和中部之歌《此路之歌》，演奏《櫻花變奏曲》和表演舞蹈《武田節》。

加拿大會員跳魁北克民間舞蹈，音樂家會員演奏《森崎海岸》，婦人部合唱《走向廣布》，熱情洋溢。

山本伸一致詞表示感謝：「出色的合唱，富有藝術性的演奏，充滿真情的舞蹈等，讓我們度過一段美好的時光。」然後提議將來建設加拿大文化會館，並期待這千名同志成為太陽，貢獻社區，開闢加拿大廣布的遠大未來。

此日，伸一在小文化節開始前和完畢後都與很多會員交談，不斷地鼓勵，也向提供會場的滑雪場經理道謝。

進行對話就是擴大佛緣。

經理的繼母是會員，伸一在一九六四年訪問伊朗德黑蘭時鼓勵過她。當時在德黑蘭，伸一等人到一家中國菜館採訪當店長、名叫太田美樹的學會員，但老闆說合約期滿了，她已經辭工，旅行去了。

這時一位伊朗人店員看見伸一的臉，「啊」了一聲，從後面拿來圖片雜誌，是《聖教畫報》。翻開來，指着伸一的照片露出微笑，說「山本先生！」

中國菜館裏的《聖教畫報》是太田美樹給老闆和店員看的，想讓他們知道學會的了不起。

一個店員對伸一說：「時常聽太田談山本先生的事情，也看畫報上的照片，所以一看便知道。真高興能見到您！」

伸一和大家握手，告訴了下榻的酒店名字後和大家告別。

這天太田旅行回來，帶了禮物順路去中國菜館，得知伸一等人來過。

創價學會的會長山本先生沒理由會來探訪完全沒見過面的自己，她半信半疑，但還是去了他們入住的酒店。

伸一和妻子峯子一起熱情地接待太田。這時她說出了有一個加拿大男性向她求婚，不知如何是好。

伸一鼓勵她指出，幸福不是在遠方，就在自己的心中，打開它的就是信心。只要強盛地勵行信心，無論身在怎樣的環境都必能幸福起來。

「所以，不管遇到怎樣的艱辛也決不要退轉。去到世界任何一個地方，都要踏實、謙虛、堅韌地貫徹信心到底。」

幸福就在廣宣流布的道路上。

幾年後太田和那名男士結婚，去了加拿大。

伸一和現在名叫美樹．卡特的她，以及她的丈夫與當滑雪場經理的兒子交談。

伸一最高興的是，美樹把那時的指導記在心裏，堅持信心過來。十七年前播下的種子歷經風雪在加拿大開了花。不斷地播種鼓勵的種子便能擴大廣布的花園。

伸一對美樹．卡特說：「今後也要如流水般勤勵信心。一生成佛的要諦在於持續信心，因此日蓮大聖人教導：『受易持難，而成佛在持。』（〈覆四條金吾書〉，御書一一八二頁）要朝着廣宣流布的理想，為人們的幸福活下去。這樣奮鬥就能開創自身的幸福。」

加拿大作家蒙哥馬利寫道：「有理想，人生就會偉大而精彩。」（《安妮的青春》，

蒙哥馬利著）

第二天二十四日，伸一訪問位於多倫多市內商業區的多倫多會館。他和約一百五十名代表一起勤行，祈念大家健康、幸福，並鼓勵說：「請大家滿懷自信、希望和勇氣，以『畢生不退轉』為口號邁進。」

之後伸一和會員一起參觀尼亞加拉瀑布。

二十一年前他也來過這裏，伴隨着轟鳴和水霧，瀑布飛瀉而下的景觀無論甚麼時候看都那麼雄壯。他一時看得入神，也拍了照片。

伸一的腦海裏，清晰地浮現那天，邊看着懸掛在瀑布上的彩虹邊想到的事情。

——正因為水流源源不絕的急瀉而下，才會騰起水霧，在太陽照射下映出彩虹。同樣地，在廣宣流布的道路上，心中充滿鬥志、日日不斷地前進的人，就有生命的躍動，頭上經常輝耀着希望的彩虹。

想到從僅僅一個人開始而發展至今的加拿大廣布的彩虹隊伍，他深深實感到「行動即歡喜」、「行動即希望」。

一行又參觀被敬仰為加拿大獨立女英雄的勞拉．塞格爾故居。

這所成為歷史舞台的故居，位於距離尼亞加拉瀑布十五公里的地方。

一八一三年美國和英國圍繞英屬北美（後來是加拿大一部份）持續發生戰爭。勞拉．塞格爾居住的昆士頓也變成戰場，丈夫是英軍，作戰時負傷。塞格爾的家被美軍徵用為軍官宿舍。一天，她偶然聽到了美軍要偷襲英軍的計劃。若作戰成功，尼亞加拉半島就落入美軍之手。

「無論如何也要把這個消息告訴英軍！」

可是，英軍基地有三十多公里遠。丈夫受傷還沒有痊癒。

勞拉決定親身去送這個情報。她在沒有路的森林，而且是敵人的陣地裏拚命向前走。一個單身婦女要走畢這段路程，會是多麼的不安和困難啊。

由於她的重要情報，英軍做好了對付偷襲的準備，美軍沒能取勝。

勞拉以豁出生命的行動化解了危機，但很長時間裏沒有人知道她的功績。戰爭中變成殘障的丈夫去世以後，勞拉繼續和社會的驚濤駭浪搏鬥。一八六〇年，英國皇太子艾伯特．愛德華（後來的愛德華七世）訪問加拿大時，聽說了她的奮鬥，勞拉才受到關注。那時她已經八十五歲了。直到九十三歲去世時，她的簡樸生活一點也沒有改變。

她的故居是白色的木造兩層小樓。一九七二年重修，磚砌的暖爐和煙囱，還有手織機，讓人聯想昔日的質樸生活。

伸一深有感慨，對同行的會員說：「一個婦女的行動，捍衛了英軍，甚至保護了加拿大。這正是『拚命的一人勝過千軍萬馬』。一個人很重要啊！」

然後他對身旁的妻子峯子說：「勞拉・塞格爾的生存方式很像學會的婦人部。她為了拯救英軍，毫不畏縮地勇敢行動。她有堅強的信念和勇氣。而且雖然立下大功，但她不自吹自擂，不擺架子，支持丈夫，作為母親默默地撫養孩子。這就是婦人部的生存方式呢。」

峯子笑着用力點頭答道：「確實是這樣啊！歷史大大地轉動的背後有着很多婦女的努力和活躍，但很少受到注目。」

然後伸一轉向同行的會員說：「我也這麼想。所以我無論到哪裏都撥開草根，像探射燈一樣，找出民眾、庶民當中的男女英雄。雖然無名，但為了人們的幸福與和平，無私奉獻，為廣宣流布盡力，這樣的人非常多。真的不可思議。我一天比一天更強烈地確信創價學會正就是地涌菩薩和佛的聚會。

我希望這些無名英雄受到注目，即使只是一點點也很想表彰他們的努力，所以在各地植樹，以有功同志的名字命名，又在各地文化會館等做名牌，刻上大家的名字。

幹部絕不要用學會役職或社會地位等判斷一個人，必須從所有的角度觀察，看清誰是最為廣宣流布辛苦、流汗、獻身。要真心尊敬幕後的功臣，珍惜、稱讚和表揚他們。就是說，對這些在幕後奮鬥的人懷有深深的感謝之情，溫暖的血液才能在組織裏流通。否則，就變成冷淡的官僚主義。」

即使沒有人稱讚或表揚，按照佛法這生命因果的法則，為廣宣流布付出的一切辛勞，全都會變成自身的功德、福運。佛一直在看着。這就是「冥之照覽」。

所以不管他人有沒有看到，作為自己的信念，把一切都當作佛道修行，為廣宣流布、為法、為同志，勇於承擔辛勞奮鬥下去很重要。

而且，幹部要努力去了解大家的辛勞，稱讚、表揚其努力，以讓全體同志能夠感到喜悅，幹勁十足地勤勵信心。

伸一走到勞拉·塞格爾故居的院子裏。在那裏他繼續說：「英軍的勝利是因為有勞拉這一位婦人、一位民眾的拚命協助。同樣，一切運動都要有民眾的共鳴、贊同、支持和合作才能取得成功。在推進廣宣流布上，重要的是關懷周圍的人，關心社會，深深扎根在社區，作出貢獻。

因此，平素關懷近鄰、締結友好，貢獻社區，就是廣宣流布不可或缺的條件。脫離社會和社區，廣布就沒有發展。

她還一邊照顧負傷的丈夫，一邊養育孩子。作為人，重要的是對生活這個基本不馬虎，踏實地過活。這是民眾所具有的像草根般的韌性。他們站起來就能從根本上改變社會。實現這個社會變革的就是我們的廣宣流布運動，而最大的主角是婦人部呢。」

伸一這樣說時，注視着照子．泉谷。她微笑地點頭，那雙又大又黑的眸子熠熠生輝。由於伸一的訪問，加拿大朝向世界廣布新章節加速前進。

六月二十五日下午五時，在約一百五十多名會員送行下，山本伸一從加拿大的多倫多國際機場出發，飛行大約一個半小時，抵達美國芝加哥。

芝加哥定於二十八日舉行第一屆世界和平文化節，是此次訪問北美的最重要活動。這將是宣告世界廣布新篇章揭幕的盛典，是創價學會作為世界宗教新起航的活動。

伸一在芝加哥也接受了《芝加哥時報》的採訪。

芝加哥市市長發表官文，由衷讚揚伸一的和平行動，宣佈從二十二日至舉行和平文化節的二十八日一週冠以伸一的名字，呼籲芝加哥市民歡迎伸一以及參加和平文化節的人。

隨行的日本幹部說：「世界廣布的時代真正到來了！美國大力讚揚會員對社會的貢獻，對重視青年、讓青年大顯身手的ＳＧＩ運動寄予很大的期待，這就是最好的證據。」

「遺憾的是日本的島國劣根性強，不正面看待新的民眾運動，嫉妒其發展。時代不斷地變化，心胸狹隘就會不斷被時代淘汰。」

「一月山脇友政因涉嫌恐嚇被捕後，他利用部份媒體誹謗中傷學會的內容是何等荒唐已經真相大白，如今徹底宣說學會的真實是我們的使命。」

學會捐建的美國第五座寺院（包括辦事處）在芝加哥郊外落成，二十七日舉行落成入佛儀式，法主日顯出席，伸一也到場。

他一直希望僧俗和合推進廣宣流布。一切只是為了成就廣宣流布大願，這就是創價學會一直貫徹着的精神。

六月二十八日，舉行向二十一世紀展翅飛翔的、具有歷史意義的第一屆世界和平文化節。

會場是位於芝加哥郊外的羅斯蒙特（後來的好事達體育場），共有十七個國家的駐美大使館人員以及各界來賓、各國ＳＧＩ會員代表等二萬人參加。

場內播放主題曲《朝日》的合唱。「生命世紀」的早晨到來了，身穿白色運動服的青年從睡夢中醒來，開始跳出躍動的舞蹈。

舞台由四面台構成，中央和前面以及左右都有舞台。利用這些舞台，美國會員接連表演拉丁美洲、非洲、西歐、東歐、中東和亞洲的歌舞。他們每天不停地練習，學會了各國的舞蹈。

跳俄國舞蹈的紐約會員努力聯想着蘇聯人，要以他們的心情跳出這支舞蹈。聽說在勤奮練習中，他們超越意識形態和國家的藩籬，覺得不曾見過的蘇聯人彷彿是親密的朋友一般。文化有着連結人心、連結人的力量。

從日本來的親善交流團演出日本舞蹈和民謠等。日本音樂隊也出場。當創價合唱團鏗鏘有力地合唱《威風堂堂之歌》時，美國廣布草創時期的婦女會員想起幾經辛勞的歲月，熱淚盈眶。

長野縣男子部利用整個舞台表演團體操，疊起五層圓塔。「啊！」的感嘆之聲響徹會場，博得全場喝彩。

在歡呼聲中，兩組表演者在左右的舞台上表演巴勒斯坦和以色列民族舞蹈。舞蹈完畢後，雙方各有幾個人走向中央的舞台，卻顯得猶豫，但終於像是自我鼓勵般邁步走近，然後緊緊握手。

掌聲雷鳴。這是希望和平的全體與會者的心願和祈求。

世界和平文化節的表演節目到了主辦國美國表演音樂和舞蹈。頭戴牛仔帽的西部舞蹈、夏威夷舞蹈，還有查爾斯頓、吉特巴、踢踏舞，展現了快活熱鬧的美國舞蹈界的特色。

接着，舞台變暗，聚光燈照亮一對男女。他們朗讀山本伸一的詩《贈給我心愛的美國地涌年輕人》，聲音鏗鏘有力。

所有國家的人齊聚共和的
美利堅　合眾國
這就是世界的縮影
在這美國
多民族的結合與團結中
可以說包含着
邁向世界和平的方程式……

當朗讀完畢，充滿決心的熱烈掌聲震撼全場。同志的掌聲中迸發出要從美國掀起世界和平浪潮的決心。

大團圓時，表演者站滿舞台，阿根廷、奧地利等表演者手持各國旗幟的走到前面，高高舉起旗幟。這是讚揚匯集全世界人民、人類共和的美利堅合眾國的理想，並表明決心。觀眾席上各國的參加者站起來鼓掌，喝彩聲響徹整個會場。然後響起歡喜的歌聲，與會者臂挽臂大大地搖動起來。

精彩的世界和平文化節描繪出「同一個地球，同一個世界」的理想。創價世界廣布新篇章的帷幕終於拉開，高亢嘹亮地吹響新出發的號角。

這世界廣宣流布大潮流是任何力量都無法阻擋的，因為「一閻浮提廣宣流布」是日蓮大聖人的遺訓，實現本佛的大誓願就是創價學會在現代出現的意義，是我們的久遠大使命。

電視台等三十多家媒體來採訪世界和平文化節。閉幕後ABC廣播立刻在新聞節目中報道，介紹這次盛會以宣揚「世界和平」與「尊重生命」的精神為目的，演出的人都不是專業的。

被電視台採訪的會員挺起胸膛說：「創價學會的運動最大地發揮每個人的可能性，

為世界和平做出貢獻。」

第二天（二十九日）下午，世界和平文化節的感動擴大到芝加哥街頭。晴空下，在芝加哥市政府前的廣場上再次上演文化節。這是為了感謝芝加哥以及市民的大力支持。

市政府前面聚集了各界來賓，也邀請了安老院約五百名長者，還有上萬名市民蜂擁而來，不斷為熱情的演出喝彩。

這包括音樂隊的演奏，意大利、韓國、匈牙利、印度的民族舞蹈，日本交流團雄壯的太鼓演奏、爬梯子的雜技，管弦樂團演奏主題曲《朝日》，體操隊的飛人表演等。

一位和山本伸一一同欣賞表演的來賓滿面笑容地說：「真令人感動，謝謝舉辦這麼精彩的文化節！」

在喝彩和讚揚的交響曲中，創價學會從美國這天地開始了向二十一世紀的新起航。

在伸一從芝加哥飛抵訪問最後一站的洛杉磯的七月一日，詩人克里希納．斯里尼瓦斯博士擔任秘書長的世界藝術文化學院決定授予伸一「桂冠詩人」稱號。

在之後寄來的證書上把他的詩評為「傑出的詩作」，伸一覺得這讚賞過譽了。

他在心裏發誓：「我一直在寫詩，是為了明示人的正義之路，為了將勇氣、希望和生存力量送進朋友的心田。為了不辜負這期待，今後要更加努力作詩，為大家送上鼓勵之光！」

他不斷為和平與民眾的幸福奮戰，也持續寫詩。繁忙時利用日程的空隙口述記錄的作品也很多。

後來他又獲印度國際詩人學會的「國際優秀詩人獎」（一九九一年）、世界詩歌協會的「世界桂冠詩人獎」（一九九五年）、「世界民眾詩人」稱號（二〇〇七年）、「世界和平詩人獎」（二〇一〇年）。

伸一結束了美國的所有行程，於日本時間七月八日下午四點多抵達成田的新東京國際機場（後來的成田國際機場）。會長十條潔等人滿臉笑容地在機場等待他。

此次訪問長達六十一天，訪問了蘇聯、歐洲、北美的八個國家，幾乎是環繞北半球一圈的和平之旅。他一方面和各國的政府要人、有識之士等展開文化和平交流的對話，另一方面期望世界廣布的前進，在各地把全副精神投放在激勵會員。

在第一屆世界和平文化節、歐洲代表會議、各國各地的信心懇談會、鑽研御書、總會、勤行會和交流會等，所有活動他都竭盡全力地鼓勵同志。

「現在就要為未來留下永遠的指針」——他拚命奮鬥，不浪費一分一秒，也曾在巴黎利用乘地鐵等移動時間作詩，贈給法國的青年。他每天席不暇暖地奮戰。為了把二十一世紀變成「和平世紀」、「生命世紀」，只有不斷前進。

他要宣告新時代的黎明，為此等待「時」，創造「時」。日復一日，每分每秒都是認真決戰。不拚命奮戰就沒有真正的建設，沒有光榮。

因為他的奮鬥，「凱歌時代」的曉鐘終於洪亮地響徹世界。現在，開啟世界廣布新篇章的旭日悠然在東方升起。

勝利歡呼

無垠的希望晴空在青年的心中擴展；火紅的熱情太陽在青年的心中燃燒。青年的心中擁有滿溢勇氣與無限創造的泉源。

新時代的主角是青年。青年抱有怎樣的志向，如何認真學習、果敢行動、磨礪自身？——未來的一切取決於此。

山本伸一訪問蘇聯、歐洲、北美後回國，下定決心現在就要傾注全力培育青年。

一九八一年七月十日晚上，紀念男女子部成立三十週年的青年部總會意氣風發地在常勝天地大阪市的關西文化會館召開。伸一衷心期待下一代領導的新前進與活躍，捎去長篇賀電。

道路時刻在開拓
年輕的你們的舞台
分分秒秒地靠近
我為此而竭盡全力
讓你們登上

廣宣流布的大舞台
一個人也不可後退
一個人也不可畏縮
也不讓一個人受輕蔑

我們學會青年部也迎來三十週年
今年三十歲了
聖賢說三十而立

朝向二〇〇一年
請與我一起
勇氣凜然地構建
這二十年
一個時時讓世人感嘆、佩服
堪稱是正式舞台的
勝利歡呼

動盪而精彩的時代

美國青年
德國青年
還有意大利青年
英國青年
東南亞青年
都為真正的和平站起來了

祈願、等待
我的真正同志日本青年部
以美好的團結和成長
寫下了不起的連續勝利歷史

當中包含了「青年啊，站起來！」此伸一的靈魂吶喊。

他希望全球的創價青年為廣宣流布、世界和平攜手並肩，成為先驅，宣揚尊重生命的人性復蘇哲理。

猶如響應這號召，會場後方掛起橫額，展示青年的信誓——「嶄新的廣布歷史開始了！踴躍地邁向二〇〇一年的勝利前進開始了！」

在位於地球另一側的巴西，距離伊瓜蘇大瀑布二十多公里的伊瓜蘇市，十一日下午四時（當地時間）召開了首次南美男子部總會，巴西以及巴拉圭、智利、烏拉圭、阿根廷、玻利維亞的一千名會員參加。也有同志租用巴士從亞馬遜最大的港城貝倫，花八十個小時縱貫巴西前來參加。

伸一也贈送了祝福的話語。

「總之，二十一世紀的舞台是屬於你們。我衷心祈望諸君的成長與奮鬥。請各位一邊經受各種各樣的勞苦，一邊高唱題目，在職場上成為最頂尖的人，珍惜人生，重視生活，鑽研教學，一步一步地在南美歷史上留下廣布的偉業。」

南美青年也響應伸一的號召，意氣風發地奮起。青年時代的帷幕拉開了。

那是突如其來的訃告。七月八日凌晨零時五十三分，會長十條潔因心肌梗塞在信濃町的家中離世，享年五十八歲。

前一天，十條和山本伸一共同出席了在東京小平市的創價學園操場舉行的北多摩圈總會，接着參加創價中學、高中的例行活動榮光節。

晚上，伸一邀請十條潔、秋月英介等領導幹部到家裏一起勤行。唱題後，伸一傳達了世界青年正在顯著成長的情況，十條瞇細眼睛高興地說：「二十一世紀真令人期待！」他們談得興高采烈。

晚上十點左右，十條離開伸一家，又和幾位領導幹部懇談，然後才回家。在家裏向御本尊唱題，洗澡後便就寢，但向家人透露了身體出現異常。沒多久，就如酣睡般安然去世。

十條是在宗門事件的狂風駭浪之中就任會長。伸一成為名譽會長，不能出席會議進行指導，在這種狀況下十條必須拚命為學會掌舵。而且，要應對當年一月以恐嚇嫌疑被捕的山脇友政，企圖任意支配學會的卑劣陰謀而苦思焦慮。十條的身體本來比人強健得多，可想而知這兩年多費心勞神，深受折騰。

伸一是和十條從青年時代就一起奮鬥過來的同志。一九五四年三月，伸一就任青年部室長時，他是室員。十條年長五歲，但仰慕信心的前輩伸一，共同站在所有奮戰的最前線。對於伸一來說，他是苦樂與共的可靠廣布「戰友」。

當伸一就任第三代會長，十條以他為師，努力做好弟子的模範。因為十條深刻地自覺，師弟精神才是令創價學會永存、使廣宣流布發展的要諦。

若說五十八歲去世的十條潔走得太早，也許是太早了。但亦可以說，他把一生獻給廣宣流布，徹底完成了自己的使命，落下今世法戰的帷幕。最後如櫻花散落，很配合畢業於海軍兵學校、經常唱《同期之櫻》的十條。

聖訓教導：「須臾之間，還來九界生死之夢中。」（〈三世諸佛總勘文教相廢立〉，御書五九九頁）這是說，我們受持正法，死後也轉瞬間再出生於此世為廣布而奮鬥。

十八日早上，伸一到十條家弔唁，鼓勵十條的妻子廣子。

「他作為廣宣流布的鬪將，完成了卓越的一生。一定會得到日蓮大聖人讚賞，以及恩師戶田先生張開雙臂迎接。

請您跨越悲傷，繼承丈夫的遺志，連他那份兒也努力，為廣宣流布奮鬥到底。如何奮鬥就是最大的追善。而且要把孩子都培育成優秀的廣布人才。活着的家人幸福起來就是對故人的回報之道。」

十八日下午，因會長十條潔去世而召開臨時總務會。會上推舉副會長秋月英介為第五任會長，與會者一致通過。

秋月五十一歲，於一九五一年入會。在草創時期為建設男子部而盡力，曾歷任男子部長、青年部長，並參與《聖教新聞》的編輯，擔任過編輯總局長、主編。進而，作為總務、副會長一直擔任學會的中核。

伸一認為，沉着冷靜的秋月能作為大發展的創價學會組織的軸心發揮力量，帶領學會應對新時代堅實地前進。他在心裏發誓，自己要守護大家，比以往更加盡力地支持大家。

十條家於十條潔去世的十八日晚上舉行守夜，第二天（十九日）舉行告別儀式。二十三日晚，由創價學會本部舉辦的守夜和第二天（二十四日）的葬禮，在巢鴨的東京戶田紀念講堂肅穆地舉行。山本伸一兩天都出席了，獻上追善回向的題目。

此外，二十四日晚，還在新宿文化會館與東南亞八個國家和地區的會員一起勤行，緬懷十條的遺德，並交談亞洲廣布的未來展望。

伸一行動不息。

他於二十五日和美國前國務卿基辛格博士進行第三次會談，探索實現世界和平的途徑。

同日還出席在東京戶田紀念講堂召開新出發的本部幹部會。他從心裏祝福以新會長秋月英介為中心的學會新啟航，講述他的期待：「請大家明朗、和睦地向廣宣流布更邁進一步。」

他從翌日到八月上旬訪問長野，不斷地鼓勵會員。

八月十七日，在東京澀谷的國際友好會館（後來的東京國際友好會館）和聯合國副秘書長明石康會談，內容談及「十月二十四日聯合國日」，以及於推進世界和平與促進文化發展上日本要發揮作用。

伸一一貫主張，為了實現世界和平，聯合國要有力量，各國必須以聯合國為中心，於平等的立場不斷進行對話。

他對明石副秘書長說：「我們會竭盡全力支援聯合國。因為我們認為構築世界和平，保護人類免於飢餓、貧困、疾病的苦痛，就是主張尊重生命的宗教徒的使命。」

怎樣解決人們現實中的不幸，實現幸福？——日蓮大聖人的立正安國奮戰就是從這裏開始。實踐佛法者的宗教使命就是要成就立正安國這個社會使命。

伸一和明石康聯合國副秘書長進行了十八次會談。期間，學會與聯合國合作，在世界各地舉辦「現代世界的核威脅」展、「戰爭與和平」展、「現代世界的人權」展等展覽。

一九九二年，明石擔任聯合國柬埔寨過渡時期權力機構（ＵＮＴＡＣ）秘書長特別代表，呼籲回收舊收音機，學會青年部展開「支援柬埔寨收音機活動」，捐贈了二十八萬多部收音機，為柬埔寨內戰後首次總選舉作出很大的貢獻。

一九八一年八月下旬，伸一飛往夏威夷火奴魯魯，出席第二屆ＳＧＩ總會等。他在世界各國和地區共七千五百名代表參加的總會上進行紀念演講，最後這樣呼籲：

「ＳＧＩ以日蓮大聖人的佛法為根本，沿着和平、文化、教育的大道邁進。而且要更加大力支持聯合國，希望大家一起合力支援。」

逗留期間，還訪問夏威夷大學相鄰的「東西中心」，加深以佛法的和平與融合哲學為基礎的對話。

「廣宣流布」即「實現人類幸福與和平」，就是我們實踐佛法者的誓願。

從十月十日到十六日，宗門舉辦日蓮大聖人第七百回忌辰大法會。伸一受法主日達任命為慶典委員長，在日顯當上法主後也繼續擔任。為了廣宣流布，他希望僧俗和合，誠心誠意地完成這一職責。所有活動嚴肅而隆重地完成，大法會順利閉幕。

另一方面，前一年九月以「擾亂宗內秩序」被處分的約二百多人的正信會進一步加劇批評宗門。一九八一年一月，他們把日顯和宗門告上法庭，對立激化，糾紛越來越熾烈。

正信會的僧侶接連被宗門擯斥。他們口口聲聲說廣宣流布，卻咬定一心一意推進廣布的學會「謗法」，不斷折磨尊貴的佛子學會員，破壞僧俗和合。結果他們脫離了廣宣流布的滔滔大河，陷入嫉妒與瞋恚的修羅濁流。

宗門最終擯斥處分了超過一百八十名正信會的僧侶。還要求正信會住持交還寺院等，在法庭上也持續長期爭鬥。

這段期間學會一貫外護宗門，為其興隆傾注最大的力量。

被擯斥處分、走投無路的正信會不斷攻擊宗門，同時還執拗地中傷誹謗學會。但學會員確立了堅定不移的確信：「遵循日蓮大聖人遺訓，竭盡死身弘法之誠，於現實中推進廣宣流布的只有創價學會的師弟，對照聖訓，正邪一目瞭然。」

山本伸一即使成為眾矢之的也在所不辭，為保護會員開始反攻，奔走國內，馳騁世界。學會員受到他的奮鬥觸發，都決意一新，要跟他一同奮起。

不管如何被黑暗深深地覆蓋，如何被暴風雨吹打，當獅子毅然振奮起來時，曉鐘響徹四周，金色的黎明到來。師弟斬斷鐵鎖，同心踏出一步時，勝利的帷幕就已經拉開了。

伸一在心裏深深發誓，要前往那些因宗門事件吃苦的地方，進一步讚揚、慰勉心愛的創價同志的奮鬥，一起踏上勝利之旅。

伸一最先要去的是四國。他迫於無奈無法出席會議時，勇敢的四國同志說：「那就由我們奔赴師匠跟前！」包租了大型客船「向日葵七號」來見他。他要報答他們的心意。

九月六日，《聖教新聞》報道了將在十一月舉行的紀念德島講堂落成的慶祝活動，伸一也預定出席。預告伸一參加活動是異乎尋常，這也表明他的堅定決心，要和全國同志臂挽臂開始新的前進。

十月三十一日，他出席創價大學第十一屆「創大節」開幕儀式，作了題為《考察歷史與人物——迫害與人生》的演講。

其中講及晚年遭逢厄運的菅原道真、萬葉歌人柿本人麻呂、開啟明治維新黎明的賴山陽、吉田松陰等都是度過迫害與苦難的人生，給後世留下光輝偉大的足跡。還談到中國戰國時代的詩人政治家屈原、撰著史書《史記》的司馬遷，以及印度的聖雄甘地、西方的文豪雨果、哲學家盧梭、現代著名畫家塞尚等在人生的暴風雨中堅忍不拔地貫徹信念，貫徹崇高的生存方式。

他指出，迫害、苦難是伴隨偉業的宿命。

那是因為建立歷史偉業的人物牢牢扎根在民眾的大地上，因此讓君臨民眾、玩弄民眾的當權者越發感到危險，發自野心和保身的嫉妒和慾望之火熊熊燃燒，拚命去排斥民眾的領導人。那就是迫害的成因。

他強而有力地訴說自己的信念。

「我也作為一名實踐佛法者、作為一個庶民，不斷受到毫無理由的中傷和迫害。然而從迫害的成因來看，我認為受迫害反倒是實踐佛法者的榮譽，是人生的最高冠冕。我藉以此機會斷言，後世的歷史必將嚴格審判事情的真實。」

伸一和心愛的創大生一起，留下了邁向未來的勝利宣言。

十一月八日，伸一出席東京新宿區的家庭友好運動會之後前往關西。晚上在關西文化會館的區長、圈長會議上激勵與會者，又和幹部代表懇談。

希望關西成為永垂不朽的常勝源流，不，非要如此不可——當這樣想着，他的心熊熊燃燒。

從七日起，在四國的德島講堂以理事長森川一正為中心舉行慶祝講堂落成的紀念活動。德島同志準備好迎接伸一，等待他來訪。

可是，伸一收到很多會見要人、出席各種活動的邀請，很難決定日程。學會本部跟德島聯絡：「山本先生決心去德島，在調整日程中，但是還沒有最終定案。」

德島縣的同志也遭受卑劣的惡僧攻擊，不知多少次流下憤恨的淚水。吶喊學會正義的攻防戰仍在持續。支撐大家的是廣宣流布的「師弟之誓」。正因為如此，大家以堂堂奮戰到底的姿態迎來紀念活動，無論如何也想和伸一一起重新出發。

然而，八日伸一也沒有出席。

九日下午，舉行德島講堂落成紀念勤行會。

不見伸一的身影。以森川理事長為導師開始勤行。參加者誦經唱題，心裏想着：「《聖教新聞》發表了先生訪問德島，先生何時到來呢？」勤行會按程序進行，到森川理事長指導，指導也完了。

就在此時，會場後方的門打開了。

伸一走進會場來。

「我來了！我信守承諾來了！」

歡聲沸騰。他一邊跟與會者打招呼，一邊在大家當中往會場前方走。師匠和弟子的心合而為一，熱血沸騰，開始了劃時代的「四國奮戰」。

伸一乘坐九日下午的飛機從大阪起飛，抵達德島機場後直接趕到德島講堂，參加落成紀念勤行會。

他擔任勤行導師，然後懇談似的指導，強烈地呼籲：「確信冬必為春，要秉持有勇氣的信心！」

大家決意一新，每張臉上都燦爛地展現太陽般的笑容。

之後，伸一乘車約二十分鐘，初次訪問德島文化會館（後來的德島和平會館），晚上再回到德島講堂出席紀念勤行會。

伸一在這裏也全力激勵，並慰勉大家，將希望大家開啟德島新時代序幕的期待託付於琴聲，用鋼琴彈奏了《熱原三烈士》等七首歌曲。

勤行會上，女子部「渦潮合唱團」、婦人部「若草合唱團」也為隆重的紀念活動添上色彩。「若草合唱團」合唱貝多芬《第九交響曲》中的《歡樂頌》，第一、二段用日語，第三段則用德語來唱。

亞洲首個演奏《貝九》全樂章的地方就是現在的德島縣鳴門市。

第一次世界大戰時，日軍進攻德軍守衛的中國青島，把德軍俘虜移送到日本，其中德島縣的板東俘虜收容所關押上千人。

收容所所長松江豐壽認為他們是為祖國堂堂而戰的勇士，優厚地對待他們，努力提供一個充滿愛和自由的環境。當地也有熱情待客的風氣，居民親切地接受德國士兵。

為了回報居民，德國士兵教他們製作麵包、蛋糕的方法，以及栽培番茄等蔬菜和畜牧技術，還有教授足球等運動。

可以說，無論在任何時代，擁有國際視野的人最重要的條件就是持有一顆「開放的心」。真正的國際化，就是從具有人人都是同樣尊貴的存在這信念，培養擴大友情的心開始。

一九一八年六月，在板東收容所裏德軍俘虜舉行《貝九》演奏會。貝多芬在《第九交響曲》的第四樂章加入聲樂，採用了德國詩人席勒的詩《歡樂頌》。

四海之內皆成兄弟——如同《貝九》的這個主題，從德島之地奏響了人類讚歌的共鳴音韻、友誼旋律。

而現在，創價婦女嘹亮地唱響這首歌。

朗朗藍天　飄飄白雲
小鳥啁啾　樹木森林

伸一用熱烈的掌聲予以讚揚，彷彿聽見德島同志把惡僧的壓迫頂回去的勝利歡呼。

大家心中熊熊燃燒畢生貫徹廣宣流布使命的歡樂之火，這就是大勝利的證明。

第二天（十日），伸一為紀念德島講堂落成進行植樹，和工作人員等合照留念，又出席勤行會。

「日蓮大聖人教導：『妙者，蘇生之義；蘇生者，復甦之義。』（〈法華經題目抄〉，御書九七九頁）所以，受持妙法的我們不會走投無路。無論遇到怎樣的困境，也能突破狀況，打開局面，鼓起清新充沛的生命力前進。因此我們是不會放棄，不會絕望。

我們自己本來就是最高的佛，確信這一點就是信心的關鍵。相信自己，滿懷自信為廣宣流布奮戰，要在自己的社區擴展妙法的幸福燈火。」

此日他要前往香川，但直到出發為止都在鼓勵會員代表。認真奮鬥就是指分分秒秒全力以赴。

「『德島』是最好的縣名。功德之島，也有高德之人聚集之島的意義。讓我們從德島掀起四國廣布的新風吧！」

下午兩點半，伸一從德島講堂出發，乘車前往香川縣庵治町的四國研修道場。汽車行駛了一個多小時，他讓司機停在咖啡店休息一下。

這時，從德島便同行的四國青年部長大和田興光提出：「希望先生能找機會和四國青年部代表懇談……」伸一當即答應。

「好，來交談吧！」

他要真誠對待拚命追求師匠的青年。

懇談定於十二日傍晚。

伸一對四國青年的英勇精神寄予強烈的期待。這年八月大和田來長野研修道場會見伸一，傳達希望從四國掀起廣布新風的想法。

「請恕我坦率，先生幾乎不能在機關報刊上露面的情況一直持續，我認為此刻師弟精神最為重要。因此大家想在四國興建展覽館，介紹先生的著作及和平行動。」

他說話結結巴巴，但熱情洋溢。伸一珍視這份心意。

「我完全明白你們的心情。請思考怎樣能使同志滿懷希望，然後和四國長他們好好商量吧。」

四國青年開始收集伸一為世界和平而行動的記錄。

一九六八年提出《日中邦交正常化倡言》，不讓中國被全世界孤立，以及在冷戰時期訪華、訪蘇，架設友好橋樑，同時為避免中蘇糾紛的危機而盡力。為了探索和平之路，和美國國務卿基辛格、聯合國秘書長等持續對話。這些超越意識形態的行動鮮明地浮現

「人間讃歌の世紀」めざして
SGI会長の平和行動
四国と先生

出來。

「一同挺起胸膛傳揚我們師匠的和平足跡吧！」他們在四國研修道場舉辦和平行動展。十月三日開幕，至十一月三日閉幕，觀展人次超過六萬一千人。

由四國青年策劃、推動的和平行動展成了一道照亮廣宣流布新道路的曙光。

只是接到指示才動一動的話，不可能開拓未來。理解「阻礙前進的是甚麼？」、「時代、社會的課題是甚麼？」，積極地、不斷地挑戰，才能有新的創造。「革命或改良是新走進社會的青年的工作。」（《病床六尺》，正岡子規著）——這是被譽為「詩國」（與日語「四國」發音相同）的四國引以為豪的詩人正岡子規的話。

伸一從德島前往四國，抵達四國研修道場是十日下午五點多。

晚上出席在研修道場召開的十一月十日「香川日」紀念幹部會，伸一在熱烈的掌聲中進場並就座。

同志都精神抖擻。他們雖然被惡僧分裂創價師弟的言行所折磨，但現在出色地跨越過來，喜氣洋洋地聚集一堂，迎來了凱歌高奏的新出發。

伸一在講話時，高聲宣言：「我要再一次帶領指揮！不想再讓大家擔心和受苦。明白我心的人，與我一起奮戰吧！」

這是獅子斬斷鐵鎖的吶喊，掌聲如雷，經久不息。

他胸中熊熊燃燒着不屈的誓言之火：「只要創價師弟的紐帶牢固，就一定能打敗任何邪惡。橫暴的袈裟權威已經擋不住佛意佛敕的廣宣流布團體——創價學會的前進。現今正就是反攻的時候！」

無論出現甚麼阻礙，唯獨創價師弟的精神絕對不能斷絕，因為這會斷絕廣宣流布的道路。

當然，會內的運作以會長秋月英介為核心，大家商議進行。為了今後的青年，他要用自己的行動給他們傳授作為根幹的創價師弟之道。

伸一出席了在四國研修道場舉辦的「香川日」紀念幹部會，接着和四國領導幹部進行商議。

第二天（十一日）也是全力奔走的一天。他鼓勵前來研修道場的會員，視察正在高松市敕使町建設的新四國文化會館。又在相鄰的高松講堂和趕來的近鄰會員一起勤行，彈奏鋼琴激勵他們。返回研修道場後，和職員、四國領導幹部開懇談會。

「我在四國宣佈了作為創價師子重新指揮廣宣流布。從這裏拉開建設新時代的帷幕，因為四國是廣宣流布的先驅天地。請不要忘記這段黃金歷史。其意義將隨着歲月愈益深遠重大。」

伸一的話裏充滿了熾熱的氣概和自信。

十一日晚，四國各縣的青年部長、男子部長聚集到研修道場，商議翌日和伸一的懇談會。席上，有人提出一個建議。

「我們在明天的懇談會給山本先生看看四國青年部的幹勁，讓先生能安心說：『這樣的話，四國的未來就放心了』。為此，我想創作一首寄託我們的決意和氣魄的歌曲，唱給先生聽，大家認為如何？」

大家都十分贊成。

「同心協力去創作這首歌很重要，所以我們每個人都說一說想寫進歌詞的話語吧。」

大家把「青春的汗水」、「這條路」等想到的詞語寫在白板上。

以此為基礎開始作詞，大家都很認真。天快亮時，四國男子部歌的歌詞完成了，共三段，每段四行。

專心致志就是青年的魅力，這會打破不可能的障壁，開闢新的道路。

十二日，到了山本伸一和四國青年部代表開懇談會的當日。

早上，擔任作曲的四國音樂隊的杉沼知弘來到研修道場。這位青年至今為四國之歌《我們的天地》、高中部歌《正義的跑手》等作過曲。

杉沼看了歌詞後，建議把四行的歌詞改為六行，給人耳目一新的印象。整合歌詞的會員也覺得每段僅有四行未能充份表達他們的心意。

他們開始重新編寫，但比想像中困難。雖然如此，歌詞仍在下午寫出來，曲子亦在傍晚完成。

此日下午，伸一出席在研修道場舉行的紀念十一月十一日「愛媛日」幹部會，談到《法華經》所說的「隨喜」。

「『隨喜』就是歡喜。從我們的立場來說，就是聽了南無妙法蓮華經此最高的法而湧現的喜悅、大歡喜。

大聖人教示：『隨喜即信心，信心即隨喜』（〈御講聞書〉，御書八七一頁）。藉着此妙法能克服一切苦惱，實現一生成佛，確立自身的最高幸福境界。還能在未來永劫救度一切眾生。確信這一點，對於能遇上妙法，就會禁不住湧起源源不絕的感謝之念和大歡喜。可以說那歡喜與躍動的生命已經是大幸福境界。

隨喜的話，就無法不向他人講說妙法，就會主動開始折伏、弘教。那就會積累更大的功德。此隨喜的擴大就是廣宣流布。弘教就是信心的隨喜所帶來的自然行為。

希望大家銘記，隨喜是在認真的唱題和自己踴躍承擔廣宣流布的自覺、主動的實踐中湧現出來的。」

伸一要明確指出，創價學會是民眾的歡喜隊伍，每個人的歡喜就是學會活動的動力。最後他呼籲：「以『信心就是隨喜』為口號，一同開始歡喜的大行進吧！」

晚上六點前，在研修道場開始了懇談會，除了約八十多人的四國青年部代表，還有十多位愛媛縣幹部參加。青年部的活動等成為話題，懇談告一段落後大和田興光站起來。

「先生！我們創作了四國男子部的歌曲，請您聽一聽。」

大和田為首的核心青年眼睛呈現紅腫和充血。伸一想，他們應該徹夜創作吧。

「明白了！歌名叫甚麼？」

「《黎明之歌》。」

伸一微笑着說：「『啊，黎明之時已到』之類的歌詞，誰都想得到，這樣沒有新鮮感。那樣就令人覺得距離天亮的時間還早呢。」

青年們馬上遞上寫了歌詞的紙，卡式錄音機傳出歌聲來。

啊　黎明之時到來
此刻先鋒迅跑……

「還是得用『啊黎明』呢……」

笑聲一片。

伸一看了歌詞。

「好歌啊！不過，好像只是把好的詞語拼湊到一塊兒。」

當他半開玩笑地說時，青年面露苦笑。他們感到好像被看見了創作過程。

四國男子部長高畑慎治說：「請先生修改，為這首歌注入靈魂。」

他的目光認真，讓人感受到青年要開闢新時代的志氣和從中迸發出來的氣魄。四國也作「志國」（日語發音與四國相同）。

伸一一邊看着青年一邊說：「如果你們希望的話，我也可幫忙。可以修改一下嗎？」

「太好了！」大家齊聲回答。

「那就一起創作能永遠傳唱下去的最好的歌曲吧。」

眾人就這麼討論起歌詞來。

「首先是開頭的『啊黎明之時到來』。『黎明』這個詞語，無論是學會歌還是大學的宿舍歌都經常用到。歌的開頭很重要呢。第一句定勝負，需要有像太陽或月亮的光一下子擴展開來的色彩鮮明的意象。

這首歌的意象是紅色吧。開頭是『啊　紅彤彤的』如何？歌名就叫《紅之歌》。

曲調也要明快、有力，唱出來時讓人感覺到前所未有的新鮮感。像這樣的調子怎麼樣？」

伸一哼唱，擔任作曲的杉沼知弘即席記錄成樂譜。這就連曲子的意象也決定了。

「曲子即使依照至今的習慣，也要走在時代的尖端，創造出新東西來。要讓大家光聽到曲子就覺得『啊，真好——』。

坦率地說，曲子不要給人忙得團團轉的不安印象，要從容不迫、威風凜凜。而且要作一首大家從心裏願意唱的曲子。」

懇談會變成創作歌曲的現場。

「『障魔的風暴』這句也要修飾一下，『驕狂的障魔』怎麼樣？

歌詞不要光是用一些老套的類型化表達方式，關鍵是要常有創意，讓人耳目一新。

我們的世界廣布和立正安國的目標，也有不能囿於過去的概念的一面，因為是過去沒有先例的全新東西。要表明這一點，必然需要新的表達方式。」

伸一一邊和青年對話，一邊修改歌詞。他要通過歌曲創作教給青年學會精神，培育創價後繼的自覺。

「第三段的『父母構築的廣宣』改為『年邁的母親構築』吧。這樣會呈現更具體的形象。這個『母親』也要包括父親和構築學會草創時期的所有人。

這裏是重要之處。現在，學會有這樣漂亮的研修道場，各地有非常好的會館。學會實際上已成為日本首屈一指的宗教團體。但是能夠發展至此，是因為有你們父母親等很多前輩同志的艱苦奮鬥，有許多撼動人心的故事。

他們被輕蔑為『窮人』、『病人』，跟出於誤解的偏見和中傷戰鬥，一步也不退卻，意氣軒昂地拚命致力於弘教。不管多麼艱辛，同志都懷抱巨大的希望。

那是因為他們確信後繼的孩子，也就是你們，會成長為廣布和社會的領導。所以，無論遇到甚麼，也能以『等着瞧吧！絕不會輸！』的氣概努力奮鬥。

絕不能辜負你們父母的期待。如果辜負了，就是忘恩負義。你們人人都要讓草創的同志說：『優秀的後繼人才陸續茁壯成長。這就是我們最大的驕傲！』」

伸一把第一段到第三段的歌詞改了一遍，修改的地方多達三十處。

「還要再加思索。要給青年部留下永遠傳唱的最好的歌曲。要作一首證明宣佈廣宣流布反攻的好歌。」

他此日不斷推敲到深夜，全神貫注地思考歌詞的字字句句。

十三日下午，伸一出席在四國研修道場講堂舉行的高知支部成立二十五週年紀念勤行會。

三年前訪問高知時，他想與縣內所有的同志見面，予以鼓勵，也曾在足摺岬附近的高知研修道場逗留，不斷地指導、激勵見到的每一個人。當時的那些同志，跨越了無數考驗，這次都踴躍前來參加。

紀念勤行會上，伸一拜讀「若無大難，則不成法華經行者矣！」（〈致椎地四郎書〉，御書一五二四頁）等御文，確認廣宣流布的路上大難競起是當然的，訴說信心的態度。

「遇到苦難時就會知道一個人的真正信心。有人怯懦之心表露無遺，逃之夭夭，背叛同志；也有人自覺『現在正是重要時分（關鍵時刻）』，堅決地勇敢奮起。

兩者的不同取決於平日怎麼磨礪、鍛鍊信心。強盛的信心並不是一朝一夕就能確立的。每天致力於學會活動，持之以恆，就是為了面對苦難時能勇敢地堅持不動搖的信心。

我們是凡夫，只是一名民眾，所以被輕視、被迫害。然而我們弘揚的是妙法這尊貴、最高無上的大法，必能達成廣宣流布。

『法不自弘，人弘法故，人法共尊。』（〈百六箇抄〉，御書八九一頁）因此，流布這最高大法的「弘教之人」，能夠度過最幸福的人生。

為廣布、為學會，遭受無辜的中傷，感到氣憤，但這全都會變成永遠的福運。我們決不被膚淺的言行迷惑，按照佛法的法理，一同徹底度過無上道的人生吧！」

熱烈的掌聲轟鳴。

德島、香川、愛媛、高知的同志都振奮起來了。四國成為反攻的先鋒。

十三日，伸一這一天也一直在鼓勵勤行會的參加者以及各部同志和工作人員等，又和很多會員拍紀念照，並繼續推敲《紅之歌》。

每次修改了歌詞都給青年傳達。

負責作曲的杉沼以伸一在懇談會上的哼唱為基礎開始作曲，有了雛形。

傍晚，伸一視察研修道場時，看見講堂裏一些會員正在合唱，錄製修改過的歌詞。他聽了一會兒，把對曲子的想法告訴作曲的杉沼。

「我覺得曲調太難了點。我們要把曲調寫得更容易上口，爽快昂然。」

晚上杉沼給伸一送來修改好的錄音帶。

伸一聽了後說：「作出了好曲子。曲子這就行了。但如今這樣，歌詞不及曲子好。歌詞也要寫得更好。」

伸一進一步斟酌歌詞。

十四日，伸一在四國研修道場，又在訪問的四國文化會館、四國婦人會館聽錄音帶，不斷推敲。

晚上和四國壯年部、男子部代表一同到澡堂泡浴時也繼續討論歌詞。

男子部提出請求，希望這首歌不只作為四國男子部之歌，也成為全體男子部的歌曲，唱遍全國。

「那就要寫得更好，作一首最好的歌！」

「沒有其他要修改的地方了嗎？不能寫得更好了嗎？」——他泡完浴後也一節一節、一句一句地認真修改。

「創造」也可以說就是和自己輕易妥協的心戰鬥。戰勝這種心，不斷地挑戰、努力、動腦筋，直到極限，才能開闢新的道路。

伸一很想把這種創造的鬥志傳給後繼的青年。

山本伸一聽着《紅之歌》的錄音帶，一邊咀嚼歌詞的意思，一邊在心裏向青年呼籲。

「啊　紅彤彤的　破曉……」

衝破雲層，火紅的太陽升起來。一分一秒地染紅天空，新生的早晨來臨。「紅」是我們胸中燃燒的元初太陽！是開啟時代的火熱鬥志！是朝氣蓬勃的生命力的光輝！

啊，猶如旭光、指向世界廣布的先驅、凜然的創價好漢！啊！宣告「生命世紀」的曉鐘現在洪亮地敲響，光榮的早晨到來了。光榮，是指不屈不撓的挑戰帶來的幸福與勝利的光彩。青年啊，不要懼怕！衝破「驕狂波濤」，打敗一切障魔，向前、再向前奮勇邁進。

廣宣流布是正義與邪惡的戰鬥。正義未必就一定能勝利，也有邪惡當道的時候，所以佛法是勝敗之爭。為地涌使命而生，高舉佛法的正義旗幟的我們，決不能敗北。我們有必須勝利的責任。

地涌菩薩就是我們創價的民眾群像，為救助苦惱的人們，敢於出現在五濁惡世的末法。我們勇敢地踴躍出生在世間，在辛酸與忍耐之中頑強地磨礪自己，上演人生的勝利劇，證明佛法的偉大功力。

人生也會有宿命風暴狂吹亂打的時候。沒有苦惱的人生並不存在。然而，為了完成廣宣流布的使命，鼓起勇氣奮戰時，希望之彩虹會高高懸掛，苦惱亦會變成歡喜。

人會因為膽怯、停止挑戰、失去希望，心生放棄而使自己不幸。我們遵循妙法這一根源之法，充滿生命力，一邊解決一個個課題，一邊致力於廣布。為了使真實的自己綻放光輝，構築自他共同的幸福；為了使心中充滿歡喜，自豪地高舉「民眾之旗」，嘹亮地轟鳴民眾的勝利歡呼。

「睥視毀譽褒貶之人」。

「毀譽」是「詆毀」和「讚譽」，「褒貶」是「褒揚」和「貶損」。瞧不起沒有氣節操守、沒有信念、見風使舵的生活方式，沿着崇高的「信念之路」前進的是創價師弟。這是真正的「為人之道」。

那些把初代會長牧口常三郎先生敬仰為偉大的教育思想家的人，當牧口先生遭到軍部的鎮壓、被逮捕關進牢獄，他們的態度就變了，滿不在乎地說「被牧口騙了」，破口大罵。戰後戶田先生的事業陷入困境時，也有一些曾得到先生大力關照的人忘恩負義，不斷惡言中傷。

決不可因這種人的說話而忽喜忽憂，要沿着廣宣流布此信念的「光輝正道」悠然走下去。我們有在師弟大道前進的無上驕傲，共同譜寫信誓的父子詩篇。

只要有你們青年，我就放心。要以我為基礎，超越我，成長為大樹。我滿懷敬愛之念仰視你們，讚賞你們。

向新世紀的長空伸展的你們啊！為未來而磨礪自己，進行鍛鍊，努力工作和學習，踴躍地承擔勞苦。「青春的黃金汗水」一定會成為永遠妝點自身的財產。我能看見，枝繁葉茂，向明天伸展的林木頂上架起的燦爛光榮彩虹！

啊，年輕的翅膀啊！

向地平線的遠方使勁飛翔吧！

為開啟萬世的人性讚歌時代，開啟絢爛的生命尊嚴新世紀，躍踊前進吧！

以創價青年的熱情和力量，毅然揭開二十一世紀大勝利的帷幕。

後繼的接力棒就在你們手中。

十一月十四日晚，山本伸一推敲了二十多遍之後，像宣言一樣地對青年說：「好，這就行了！《紅之歌》完成！是青年的靈魂之歌！」

一、啊　紅彤彤的破曉
男子漢　閃耀先驅之光
啊　大力敲響曉鐘
驕狂波浪啊　休想得逞
邪惡之徒　無昌盛
地涌的正義　民眾旗飄揚

二、睥視　毀譽褒貶之人
攀登這斜坡　走光輝王道
我們齊聚　父親跟前
翹首仰望　孩子長成大樹
啊　青春的　黃金汗水
青藍之誓　彩虹飛架

三、年邁母親　建構的

廣布之城　捍衛到底
眩目的地平線上　滔滔澎湃
年輕的翅膀啊　颯爽翱翔
伴隨　萬葉詩歌
躍踊前征　邁向下世紀

峯子對伸一說：「您想對青年說的話都寫進去了呀。」

「沒錯！男子部唱這首《紅之歌》，而女子部唱新的愛唱歌曲《綠色那條路》，指向二十一世紀邁進。」

《綠色那條路》是紀念女子部成立三十週年，八天前發表的愛唱歌曲。伸一也接受女子部的強烈請求，修改歌詞，對曲子也提出建議。

「綠」是清新生命綻放的青春光彩。但丁就「青春」這樣說：「青春是我們進入美善人生的門和路。」（《饗宴》，但丁著）

十一月六日《聖教新聞》報道女子部作好了新的愛唱歌曲《綠色那條路》，並刊登了曲譜和歌詞。

一、春光霞蔚櫻曼舞
友隨櫻花舞翩翩
被幸福花環環抱
　　被環抱
邁步綠色那條路

二、夏季陽光如烈焰
楓葉紅時秋天來
霜降嚴冬又如何
　　又如何
我們高唱春之歌

三、詠讚此詩父女詩
少女邁步這條路
通向世界展翅膀

展翅膀
舉翼高飛如天使
看那長空掛彩虹

在發表《綠色那條路》十天後的十一月十六日，《聖教新聞》上刊登了男子部的新的愛唱歌曲《紅之歌》。

這兩首歌都是符合新時代的歌曲，充滿清新感覺，激動人心。

《紅之歌》是伸一和四國男子部以師弟不二精神編織出來的歌曲，雖然最終幾乎沒有用上他們當初創作的原案，但作詞者仍填上「四國男子部有志者」。伸一要讚揚他們的氣概和努力。

此外，在伸一逗留四國期間，也誕生了德島縣歌《心愛的德島》。

這首歌也是應大家請求，伸一作出修改，不斷推敲而成的。

世界友人接踵來
德島天地的喜悅
勝利歡呼

如鳴門掀動漩渦……

十一月十五日中午，山本伸一從四國的高松機場再次飛到大阪。然後前往和歌山縣、奈良縣，繼續進行鼓勵。

二十二日，出席在大阪府豐中市的關西戶田紀念講堂舉行的第三屆關西總會，指揮了《啊黎明將至》。

他又在訪問滋賀縣、福井縣後巡視中部，在靜岡縣也全力指導和激勵會員。返回東京是十二月二日晚。

男子部於十一月二十二日，在福島縣郡山市召開全國男子部幹部會。他們把這個幹部會命名為「紅男幹」，把幹部會視為與《紅之歌》一起朝向二十一世紀出發的師弟共戰的誓師大會。

啊　紅彤彤的破曉

男子漢　閃耀先驅之光……

結集的青年決意成為廣布先驅，披荊斬棘開闢道路。

「不管會有甚麼考驗的狂風競起，也要為同志、為社會勇攀險坡，這就是創價男子漢！決不屈服！我們堅決守護年邁的父母親不惜身命構築的廣布城。」

這合唱是青年大步跨越宗門事件風暴的凱歌，成為未來人生的勝利歡呼。

另外，關於這首《紅之歌》的作詞者署名，伸一接受了四國男子部強烈請求：「這首歌是山本先生創作的，要作為先生的作品留傳後世！」後來改為「山本伸一作詞」。

二〇〇五年，伸一又修改歌詞，把第三段的「年邁的母親」改為「年邁的父母親」。

二〇一六年十月，在四國召開本部幹部會時，四國青年部請求把第二段的「父親跟前」唱成「師跟前」，伸一體會此心志，予以同意。

「要奔往受苦最多的同志身邊！就像和每個人緊緊握手一樣，傾注全力從生命的深處予以鼓勵！」

山本伸一於十二月八日下午抵達九州的大分機場。結束四國、關西、中部等激烈奮鬥的指導之旅，六天後返回東京。

這次是時隔十三年半重訪大分縣。

他在心裏警惕自己說：「為掀起廣宣流布的高潮，不能錯過『現在』這個時機。」

邪信僧侶以「正信」為名，倚仗袈裟權威施虐，大分縣的同志比哪裏都飽受邪僧的攻擊，深受折磨。去寺院參加「講經會」等活動時，住持不講授御書，只拿着刊登了中傷學會報道的週刊，說「學會不對，是謗法！」

接着是退轉的人接二連三謾罵學會員，每次場內都掌聲四起。住持得意洋洋地看着，狡猾得無以復加。

有人到會館哭訴，說僧侶威脅他若不離開學會追隨宗門，就不會給他們主持喪禮。甚至有惡僧在喪禮上辱罵學會，簡直是對遺屬的悲傷雪上加霜，難以容忍！

伸一每次接到這樣的報告都悲痛難耐。同志實在太可憐了。

「不能低頭！勝利的早晨必定到來！」

他在心裏吶喊，不斷送上題目。

來機場迎接的九州區域和大分縣幹部看見伸一的身影，邊喊「先生！」邊跑過來。

「好，戰鬥吧！大分決戰要開始了。開始扭轉乾坤的光榮劇吧！」

伸一發出師子吼，大家眼睛發亮，用力點頭。每張臉都洋溢着決意。

在堅忍中磨練的鬥志，化作新建設的無窮力量。

在大分機場，伸一正要上車時，有二、三十個學會員跑過來，也有人手持花束。

「謝謝！讓你們吃苦受罪了，對不起。但大家取得勝利了。」

伸一面露笑容對熱淚盈眶的會員說：「要保持明朗啊！」

他從機場最先前往勞苦功高的同志家，激勵了那家人。之後，原本預定直到大分和平會館，但他要先去別府文化會館，因為別府那裏也是宗門事件的震源地。

沿着國道行駛，到處都有人向汽車揮手。聽說伸一來訪大分，他們相信一定會經過這條路，一直在等着，只想見他一眼。

也有婦人從護欄探出身子，不斷地揮手。

那種純粹可嘉的精神讓伸一心頭發熱。

「大家一忍再忍。正信會的惡僧殘酷地折磨這些一心為廣布奮戰過來的尊貴佛子。絕不能容許這惡行。他們將受到御本尊和日蓮大聖人的嚴厲叱責。我永遠忘不了今天這個情景。」

伸一每當看見路上等待的同志就湧現要合掌感謝的心情。

日落前到達別府文化會館。會館的窗戶全都亮着燈，能看見很多人影。當伸一下車，附近的三位老婦人就高聲呼喊。

「啊，先生！我們很想念您！」

「我來了。我來了就沒問題了！」

二百多名會員擠滿了會館，入口掛起了橫額，寫着「先生，歡迎您回來！」大家都確信伸一會訪問別府文化會館。

一直跟邪惡戰鬥的別府同志和伸一，是以共戰的精神牢固地聯結起來的。

山本伸一跟聚集在別府文化會館入口的會員說：「紀念別府新出發，大家來一起照相吧！」拍照後伸一在大禮堂和大家一起勤行。

「這是向御本尊報告別府同志的勝利，同時祈願大家永遠幸福的勤行！」

勤行時，人人都高興得心潮澎湃，聲音激動。大家一直在忍受惡僧的打擊，只等待這一瞬間的到來。

勤行完畢，伸一轉向麥克風。

「長時間讓大家受苦了，非常抱歉。

本來，最大地愛惜佛子是作為僧侶的應有之道，可是惡僧一直折磨為廣宣流布奮鬥的同志。真是豈有此理！

但是，佛法教導我們，最受苦、堅持奮戰的人最能獲得幸福。你們這樣戰勝魔障，堂堂地取得勝利了，所以一定會迎來功德滿盈的人生。春天終於到來了。請大家一邊救助為不幸哭泣的人，一邊度過最高的人生。」

雖然時間短暫，但伸一傾注全副心力鼓勵大家。之後去大分市內的大分和平會館。晚上六點多到達會館，和正站在入口的會員拍了照。大家都面露爽朗快活的笑容。縣的各部代表等四百人聚集在會館裏。當伸一現身大禮堂，隨即響起熱烈的掌聲和歡呼。

大禮堂裏懸掛着橫額「大分家族迎來了春天！」充份展現了大家的期待。伸一用鏗鏘有力的聲音說：「大家勝利了。經過漫長的痛苦歲月，戰勝了獅子身中之蟲，正義終於打敗了邪惡！」

他拜讀御書：「『惡知識者貌作和善，巧言騙彼愚人，壞人善心者也。』（〈唱法華題目抄〉，御書七頁）

惡知識是指以荒謬教義迷惑人們，妨礙佛道修行的惡僧。就是說他們用花言巧語欺騙要為廣宣流布奮戰的人，還獻媚討好，巧言令色地把『善』說成『惡』，矇騙那人的心，破壞其信心。

大家也因惡僧而受盡種種折磨。他們一方面誣衊學會謗法等，另一方對視為煽動目標的人則極力稱讚、諂媚，巧妙地欺騙，使他退轉。這就是惡知識的手法。惡知識的本質是慢心，是利己。如果屈從的話，當然就會脫離信心的正道。

在貫徹廣宣流布的奮鬥中，重要的是敏銳地識破這破壞清純信心的惡知識。

大家的身邊也有曾共同致力信心，卻被惡僧誆騙，離開了學會的人吧？相信大家也多次去勸說他們，不要脫離學會這個佛意佛敕的團體。可是，即使好不容易使他們重下決心作為學會員努力，卻又被欺騙，倒戈相向，誹謗學會而去。我很清楚，大家不知為此而心痛了多少次。」

有人想起那時候那些屢勸無效背離學會的人，眼泛淚光。

伸一又說：「佛法說『變毒為藥』。信心能『轉禍為福』。正因為有風，風箏才能高高地飛上天空，同樣地，經歷苦難和考驗，就能大大開拓境界，在幸福的長空翱翔。」

這轉換劇的動力就是佛法的偉大力量。

伸一的話語越說越有力。

「日蓮大聖人又教導：『但此生是早有所決心者，今亦未有悔意，更無所謂遺恨。諸多惡人，亦是善知識也。』（〈覆富木書〉，御書九九六頁）

大聖人說，即使不斷遭受怎麼樣的迫害，也早已做好心理準備。不管遭遇怎樣的大難，堅決的心志決不會變，也不會怨恨誰。

要徹底完成廣宣流布的久遠使命，並實現一生成佛，確立牢固的幸福境界，最重要的是甚麼呢？

那就是立足於『堅決的信心』。只要下定決心，秉持師子之心，就無所畏懼。

而且，那時候一直讓自己苦惱的種種惡人也都會變成善知識。因為下定決心，向大難挑戰，就能磨練自己的信心，達成宿命轉換。

大分的各位由於這次的問題嚐盡各種苦頭，但是這會變成今後飛躍發展的動力。我要再次展開廣布的大奮戰，創建真正的創價學會。大家也和我一起奮鬥吧！」

「是！」

響起強而有力、洋溢決意的聲音。飽嚐辛酸的大分同志和伸一一起毅然站起來。

懇談會上也有令人高興的報告：「男子部員幾乎沒有人因為宗門事件脫離學會。」

伸一探出身子說：「是嗎，了不起啊！只要青年堅如磐石，大分的未來就穩如泰山。為了鼓勵大家前進，我很想給青年贈送指針。」

大分預定在後天的十日召開縣青年部幹部會。

他在懇談會後和幾位縣幹部進行各種協商，並贈予兩篇文章。

一篇是發表辭去會長的一九七九年四月二十四日晚，在聖教新聞社會見記者後記述當時情況的文章。

另一篇是發生宗門事件的一九七七年十二月四日晚，在宮崎縣的旅館裏記述自己心境的文章。

當中這樣寫道：「發生宗門問題，心有如被針刺般痛苦。」

「我們祈願僧俗和合地為廣宣流布前進，為何踐踏我們的呼籲，進行蠻橫無理的攻擊？……」

「為何不斷對奮不顧身地進行大折伏、跟三類強敵戰鬥、疲憊不堪的佛子施加迫害？……」

「我怎麼也難以理解。得知可貴可愛的佛子的悲痛和憤怒、淒涼和艱辛，我日日心如刀割。這場反攻就是從大分揭開戰幕……」

伸一把兩篇文章交給代表，然後說：「這是我的心境。同志就是我的生命。徹底保護會員是領導人的使命。

如果再發生這種事情，就拿着它，為了佛子，為了廣布，你們要最先站起來。受苦最多的大分有着成為破邪顯正的先驅使命！」

大分同志的臉上閃耀着決意。

第二天，伸一到學會員經營的咖啡館和婦人部代表等懇談。

他就關於和前輩的相處方式，給年輕的婦人部幹部建議：

「即使在家庭也會有婆媳問題。婦人部裏前輩幹部和年輕幹部出現意見分歧是理所當然的。跨越這個分歧，齊心團結，彼此就能進行人間革命，廣宣流布也得以發展。

年輕的婦人部幹部充滿向着未知世界挑戰的熱情，而前輩有在豐富的體驗和實踐經驗中建立起來的想法。

要讓兩者的齒輪咬合，圓滑地轉動，就必須要有潤滑油。例如需要有年齡處於兩者之間，能充份理解雙方的意見，疏通雙方分歧的人。

女兒對母親、媳婦對婆婆也一樣，年輕幹部不要針鋒相對地否定前輩幹部説的話，先回應一聲『是』，老老實實地聆聽，這種態度很重要。然後，當自己有其他想法，就説出自己的意見。

不容分説就粗聲粗氣地否定，對方也就不會願意聽你説的話。相反地，和氣地點頭傾聽，對方也就會高興。越是年長的人這種傾向就越強。

能否察知人心的微妙變化，聰明地對應，這是作為領導人的重要條件。」

隨着進入新的前進階段，年輕幹部誕生，世代交替，廣宣流布的領導人形象也正在大大變化。不但要求領導人具有新的開拓力，同時要具備領導能力，能引發大家的力量，使全體和諧。

不消說，作為廣宣流布教團——學會的領導人，弘教的能力和指導力、率先垂範的行動是必需的。進而更重要的是誠實、認真、有見識、勤勉、關懷等作為人的品格，以及能得到多大的信任。

信仰體現在一個人的人性內涵上。因為創價學會是人間革命的宗教，散發讓大家感到「有他在就能放心」這種人格的光輝，就是作為領導人的首要條件。

從咖啡館懇談會的回程中，伸一乘坐的汽車經過大分市內的大洲綜合運動公園。這裏建有一個設備良好的棒球場。

伸一對同坐的幹部說：「在那個棒球場舉辦大分文化節怎麼樣？讓我們集合青年，向社會展示把他們出色地培育起來的英姿，同時向社會展示秉持信仰的歡喜樣相和民眾團結的姿態。」

伸一回到大分和平會館，門前有一群三十多歲至五十歲左右的男士在等待着。他們是「大分一百七十人會」的成員。伸一約好了和他們一起合影留念。

二十一年前的一九六〇年十二月，伸一就任會長後第一次訪問大分，出席在縣營體育館舉行的大分支部成立大會，而他們是當時負責在場外維持秩序等的青年。他們從一大清早忍受着寒風，默默承擔「幕後的力量」。伸一無法不慰勉他們的辛勞。

「要一輩子堅持信心，貫徹自己的使命。人在二十多歲、三十多歲就大致決定自己的人生了。因此，把今後十年作為一個目標，在廣布的園地上奮戰，磨練、提升自己，向前邁進。」他們約定十年後再聚首，一九七〇年十月在福岡實現了這約定。那時伸一提議他們成立一個人才組，命名為「一百七十人組」，後來改成「大分一百七十人會」。

這是十一年來第三次齊聚到伸一跟前。大家在社會上成為備受信賴的柱石，也成長為肩負學會的核心成員。

珍視一旦結下的緣份，用長遠的目光不斷地守護、鼓勵，才能培育人才。

伸一很高興。他呼籲：「好，向着二十一世紀努力奮鬥吧！」

大家決意一新地拍了照。

鞏固師弟的誓願就能構築通向未來的確切人生軌道。

伸一在這天晚上出席了在大分和平會館舉行的紀念該會館落成三週年的縣幹部會。

這是大分戰勝了宗門事件考驗的新出發，以合唱《人間革命之歌》揭開帷幕。這首歌就是鼓舞學會精神的靈魂之歌。

你也奮立起　我也奮立起
在廣布的天地上　一人奮立起……

會上，發表了伸一的提議——把明年一九八二年五月定為「大分月」，同時紀念五月三日「創價學會日」和五月二十日「大分日」，五月將舉行三萬人參加的文化節。全場響起了格外熱烈的掌聲。

會上還通過了由五個項目構成的「大分宣言」。其中強調「遵循末法本佛日蓮大聖人遺訓，高舉『和樂大分』的旗幟，在破邪顯正的法戰中團結前進」。

進而表明決意——以「畢生和廣布實踐的人生師匠苦樂與共」為驕傲，為興隆正法盡力，作為地涌同志互相稱讚、守望相助。

這是回應前一天伸一「要再次開始廣布大前進，創建真正的創價學會！各位，和我一起奮戰吧！」此呼籲，立誓與伸一並肩奮鬥。

會場響起了對宣言表示贊同的沸騰掌聲。

跨過了分裂廣布師弟的惡僧跋扈的苦鬥時代，現在能大聲吶喊師弟共戰，宣佈大分勝利。大家的心裏充滿了喜悅。

人人都深深感受到「新時代到來了」！

而且人人燃燒着希望——青年勇當先驅，用信心迸發的喜悅與躍動使民眾凱歌的文化節成功，開始擴大和平的網絡！

伸一在大分縣幹部會上，從心裏慰勉全體同志的英勇奮戰。

「大家在現代社會發起廣宣流布的奮戰，果敢地展開折伏。戶田城聖先生就任第二代會長時，會員人數只有約三千人，但由於我們同志死身弘法的實踐，廣宣流布的陣容擴展至全世界。把大聖人所說的『地涌之義』變為現實的就是創價學會，就是大家。」

伸一又拜讀御文：「此經之卷四可見：『若有在家，或出家者，對持說法華經者，一言毀之，其罪之重，勝過於一劫中，毀謗釋迦佛之罪。』」（〈覆松野書〉，御書一四五五頁）

「大聖人明確地這樣教導。

這裏嚴厲指出了誹謗致力於折伏的人會怎麼樣，而且大家更是在生活艱難的情況下，希望宗門發展而作出供養和努力奮鬥的人。如果誹謗這些佛子，就會遭受佛法的因果理法嚴厲裁判。

這次的正信會事件是魔對廣宣流布的妨害，又可以說這是個法難。重要的是，正因為有難，才能加深信心。如果是只求功德的安樂的信心，就不可能轉換宿命，也不可能一生成佛。要堅持佛道修行，轉換宿命，要建構牢固的幸福境界，難是不可缺少的。有難就是正義的證明。

日蓮大聖人教導：『月月、日日，須益堅強。』（〈聖人蒙難事〉，御書一二三八頁）請大家緊記，持續信心是必須的，同時重要的是，要在每天的日常生活等人生的各方面都擁有不斷前進的持久力。

佛法講勝負。要堅持強盛的信心，聰明地生活，認真地工作，磨礪人格，度過幸福的人生。」若不從整個人生來看，就不知道人生的勝敗。信心持之以恆的人才是勝利者。

十二月十日晚，召開大分縣青年部幹部會。

此日上午，伸一和縣核心幹部再三研究今後的活動。

過了中午，他來到大分和平會館管理員室，鼓勵管理員等自草創時期便為大分廣布盡力的婦人。

從學會本部派來負責各項活動運營的青年部幹部也有參加。青年希望在今天的幹部會上發表充滿新出發決意的「正義之詩」，開始向二十一世紀前進。

正好這一年是恩師戶田城聖發表以「創造新世紀的是青年的熱與力」開首的《青年訓》三十週年。伸一也考慮給青年留下新指針。

「好，讓我來作一首詩送給你們！」

這麼說了就開始口述。他的心中滿溢着百感交集的奮戰精神。

「『為甚麼登山』，『因為那裏有山』，過去，一位著名的登山家說。」在場的男子部和女子部幹部趕緊做筆記。詩句從伸一口中源源不絕地說出來。

「我們現在要攀登廣宣流布之山——二十一世紀之山！我的青年啊，揮舞妙法正義的旗幟，為了使人生滿足而自立，勇敢攀登二十一世紀之山……」

而且他強調，為攀登「二十一世紀之山」，一步一步登上「日日面對的現實之山」的重要性，呼籲今天要完全取勝。並指出那動力就是「勤行、唱題」，決不可失去希望，無論遇到甚麼困難，惟有「信心」絕不可敗北。

大家要成為二十一世紀的出色人才！——他的口述裏包含着如此的祈願。

「教育人才乃善之大者。」（《廣瀨淡窗漢詩集》，廣瀨淡窗著）這是大分的教育家廣瀨淡窗的名言。

伸一在詩中指明了創價不變的軌道——「絕對不能忘記與民眾一同前行」，並斷言不管遭受怎樣的權威、權力迫害，人間革命的勝利旗幟定會在跨過那大難的地方飄揚。進而他呼籲以「二〇〇一年五月三日」為目標，牢記此時正是決定廣布第二幕的勝敗之時，為此而致力於辛勞的修行。

這是伸一和一字不漏地記錄口述的不二青年無比認真的奮戰。

下午四點他要和會員代表舉行懇談會。

「後續部份回來再繼續吧！」

他急忙前往會場。

青年開始謄清詩稿。

伸一於五點半回來後，馬上繼續推敲，又開始口述，接連創作出新的詞句。有時甚至把謄清的十三行原稿紙的一半重寫。空白處密密麻麻填滿字，連在紙的背面都寫滿筆記。

發表這首詩的大分縣青年部幹部會的開始時間漸漸逼近。

時針已過了下午六點，幹部會宣佈開會，首先合唱《紅之歌》，接着是青年部的縣幹部、從東京派來的女子部副書記長、學生部長發言。

總算完成了修改的口述，這時已經到了副會長講話。

「這就行了！好，去開會了！謄清好就請拿來。」

會場裏，副會長的講話也結束了。馬上要到晚上七點。

這時，伸一現身會場。

隨即響起熱烈的歡呼和掌聲。

這是戰勝了惡僧迫害的威武雄壯的男子部，和絕不畏縮、清純而信心堅定的女子部高奏凱歌的出發。一直歷盡艱辛地奮戰，開闢了勝利之路的勇士神情爽朗愉快，人人意氣軒昂。

為廣宣流布勇敢奮鬥的地方，就會湧出大歡喜之泉水。

伸一在大分縣青年部幹部會上和大家一起勤行，祈念徹底維護了正義的青年同志愈益成長和幸福。

另一個房間裏，詩的謄清工作還在繼續。一個手裏拿着筆的青年說：

「已經沒有時間，恐怕來不及發表了。雖然還沒謄寫好，但先送去吧。」

他們趕到會場。

伸一面對麥克風，在講述受持御本尊的人生之可貴，講述信心有分「邪信」、「狂信」和「正信」。

想利用學會得到名利的信心是「邪信」，無視道理、良知、社會性的信心是「狂信」。而始終富有良知，踏實地以實踐信、行、學為根本，畢生為廣宣流布奮戰，在社會、工作、生活上拿出信仰的勝利實證，這才是「正信」。

他又談到青年時期的生存方式。

「青年，是煩惱多的時期，遇到停滯不前、氣餒是當然的。這時候不能逃避現實，要下定『以信心打開局面，以題目跨越困難』的決心來向御本尊唱題，展開挑戰。在這挑戰過程中，能夠轉換宿命，進行人間革命。那種勞苦就是青春時代難得的財寶。」

若沒有青春苦鬥這開墾過程就不會有自身的成長，也不可能有人生的開花，也不會有人生總結時碩果纍纍的秋天。

德國詩人荷爾德林歌吟：

一切喜悅從苦難產生。
只有在痛苦中
才能培養使我心歡愉的至善之物
——人性的溫馨。

（《許佩里翁的命運之歌》，荷爾德林著）

伸一最後寄語：「我要將二十一世紀的未來全都託付給現在的青年部各位。希望你們和學會一起徹底活出黃金般的青年時期，出色地創造美好、有價值的人生。我斷言，創價大道就是最高的人生勝利之道。」

他在指導的最後這樣對大家說：「我作了一首詩，希望大家把它作為二十一世紀的新指針。剛剛才口述完畢，現在進行發表。」

一直在謄清那首詩的大分出身的副男子部長村田康治站起來朗讀。

這首詩的標題為《青年啊，攀登二十一世紀廣布之山》[9]。

9 為了使長詩《青年啊，攀登二十一世紀廣布之山》作為新的二十一世紀指針留傳，池田大作先生再進行修改，並在一九九九年三月二十二日《聖教新聞》上發表。

「『為何要登山?』,『因為那裏有山!』,過去一位著名的登山家說……」

剎那間村田的腦海裏浮現伸一為了青年,一字一句灌注生命地口述、不斷推敲的情形。師匠的心使他熱血沸騰,繼續朗讀。

「我門下的青年啊,活下去、要堅持地活下去。為了絕對不朽的永恆大法,也為了生於此世尊貴的自身使命。」

他一詞一句鏗鏘有力地讀下去。

「我知道,該到來的時代在盼望這樣的年輕領導人。沒有信仰和哲學的人,就像沒有指南針的船舶。現在分秒在變遷,從物質的時代走向精神的時代,從精神的時代走向生命的時代……」

由於後半部份還沒謄清,要宣讀修改得密密麻麻的原稿。村田小心翼翼地朗讀,以免出錯。

「年輕的你們啊,要和大眾朝夕相處、共生,和大眾結成溫暖的聯繫,並成為和大眾並肩、共鳴的年輕新世紀領導人。

我相信你們,期待你們,珍愛你們。」

青年們滿臉感動地認真傾聽。

歌

伸一注視着與會者，在內心喝彩：「現在從大分此地拉開向新世紀前進的帷幕。不屈不撓的創價嶄新歷史從這裏開始了。」

這是一首長詩。青年朗讀的聲音都沙啞了，但充滿氣魄。

「真實、充實、有意義的人生需要真實而偉大的佛法和信仰。你們必須知道，你們的最大驕傲就在於受持日蓮大聖人的佛法，徹底地活出青春。

二十一世紀之山近在咫尺……」

山本伸一一邊馳思人性勝利的旭日高升、創價同志的勝利歡呼迴響的新世紀，一邊傾聽朗讀。

「二十一世紀的一切全屬於你們，是你們的拂曉，是你們的舞台，是你們盡情活躍的大舞台。二〇〇一年五月三日——此日可說是我們的、也是你們的宏大目標攀登之日。切莫忘記，廣布第二幕的成敗取決於此時。」

終於朗讀完畢。

會場響起了雷鳴般的熱烈掌聲，久久不息。這是要畢生貫徹師弟大道的信誓掌聲，是創價青年的英勇啟程。

掌聲靜下來，伸一說：「這首詩預定在明天的《聖教新聞》上全文刊登。從大分此地發送至全國。大家要將此意義銘刻於心。還有，我提議為今天集合在這裏的男子部成立『大分男子二十一世紀會』，為女子部成立『大分女子二十一世紀會』，大家贊同嗎？」

會場又響起一片充滿喜悅的贊同掌聲。青年吶喊和堅持創價的正義、戰勝了邪惡的生命在躍動，胸中高漲着熊熊的熱情。

勝利中有歡喜，充滿前進的活力。帶來新勝利的最大誘因就在於勝利。勝利，勝利，勝利——這就是創價的行進。

「正義，就是指正確的人獲勝。」（《丹東》，羅曼．羅蘭著）這是文豪羅曼．羅蘭的說話。

第二天十一日，山本伸一從早上就去問候大分和平會館的同志，一起合影留念，專心致志地鼓勵會員。

他又不斷提筆寫下紀念的鼓勵語句，以祝賀在九日再次會面的大分一百七十人會，以及前一天組成的大分男子、女子二十一世紀會的前程。

「還有該題贈的人嗎？還有忍受宗門事件折磨、奮鬥到底的人吧？」

伸一聽縣幹部說了那些同志的名字，馬上轉向硯台，冠以那些該鼓勵的人的名字，在一張又一張的美術紙箋上寫下「某某櫻」、「某某山」等。

下午，他訪問大分市內的個人會館，和縣代表懇談。席上有人向他請教有關正在創作的大分縣歌，他應允修改歌詞，對曲子也提出建議。

晚上在大分和平會館舉行自由勤行會，伸一又親自擔任導師，並全力激勵、指導與會者。

他談到和大分有關的人，當中有很多歷史人物。

「大友宗麟皈依基督教，留下西方文明的文物。江戶時代後期的儒學家廣瀨淡窗開辦學塾『咸宜園』，輩出了很多弟子。瀧廉太郎留下名曲，福澤諭吉留下大學。

那麼，現在我們作為佛法實踐者應該留下甚麼呢？那就是把日蓮大聖人所教示的生命大法——南無妙法蓮華經流布世界，永遠流傳下去。

每個人在自己的人生中，能把開啟萬人絕對幸福之路的妙法教給多少人呢？這就是我們在今世應完成的使命。

惟有這一點，能得到本佛日蓮大聖人讚賞，能留下自身永遠的回憶，創造作為佛法實踐者的最高功績與榮譽。要知道，立足於這種確信，才是佛法實踐者的精髓。

即使處身非難的暴風雨中，我也毫不在意。我本來就做好了精神準備。我的願望就是大家能獲得御本尊的大功德，度過福運滿載的人生。對我而言，這是最高興的事。也可以說，這樣就證明我盡到了責任。

我在拚命祈求，誰也不要得病，不要出意外。」

這是他的坦誠想法。他和與會者在勤行會上進行了心與心的交流。

明天就要從大分前往熊本。當晚伸一對大分的領導幹部說：

「無論如何，明天也要去竹田。希望去熊本之前想看看竹田的同志。他們受苦最多，更流下了不憤的淚水……」

第二天十二日早晨，伸一和九州、大分的幹部再次懇談，展望今後的地域廣布。聽着各種報告，他吐露了自己的真情。

「考慮到一直受苦的同志，我真想挨家挨戶登門探望大家，予以鼓勵。

可是，日程上也難以安排。所以，請替我鼓勵這次沒能見到的人，轉達我的心意。

總之，要愛護每一位為廣宣流布奮鬥的可貴佛子——會員，徹底守護。希望大家知道這就是幹部的重要使命。」

大分和平會館裏來了很多想見伸一一眼的會員。他和大家一起勤行，上午十點乘坐學會本部的巴士前往竹田。使用巴士做交通工具是為了能在車上開會、工作。廣宣流布是和時間的戰鬥。

竹田市位於大分縣西南部，過去作為岡城的城邑發展起來。

和山本伸一同乘坐巴士的縣書記長山岡武夫向他介紹岡城的歷史。

——緒方三郎惟榮跟隨源氏一方追擊平氏，並立下戰功，為了迎接源賴朝與其不和的弟弟源義經而於文治元年（一一八五年）修築此城。

岡城周圍被群山環繞，南邊有白瀧川，北邊有稻葉川，深谷雕鑿出來的台地形成天然要塞，岡城固若金湯。但惟榮不僅未能迎接到義經，後來還被捕、流放，對義經追隨之念無法遂願。

十四世紀，這座城邑成為志賀氏的居城。傳說天正十四年（一五八六年）至翌年的豐薩戰爭中，島津的大軍攻打岡城，周圍的城接連被攻陷，但年輕的城主志賀親次堅持奮戰，守城到底。

隨着明治時期的廢藩置縣政策，岡城被拆毀，城堡沒有了，遺留長滿青苔的堅固石牆讓人緬懷往昔。

據說，在竹田度過少年時代的作曲家瀧廉太郎緬懷岡城遺址，創作了名曲《荒城之月》。城址的外城立有瀧廉太郎的銅像，本城遺址則有作詞者土井晚翠親筆書寫的《荒城之月》詩碑。

伸一深有感慨地說：「岡城的修築是緒方惟榮對源義經的忠誠的證明嗎？多麼感人的故事啊。

竹田同志奮戰的颯爽英姿令我想起了志賀親次的奮戰。」

從巴士的車窗能看見聳立在林木之間的岡城遺址的石牆。

伸一吟詠了一首和歌。

荒城之月望岡城
竹田法戰贊同志

竹田勇士毅然與橫暴的袈裟權威對抗，打開了為民眾而有的宗教時代。

巴士停在岡城遺址的停車場。

「先生！」當山本伸一下車，好幾個會員邊呼喊邊跑過來。

「謝謝！我來看你們，來看民眾的大英雄！」

伸一伸出手來，大家都緊緊握着。他也用力回握。一位倔強的壯年眼裏漸漸溢滿了淚水。男兒流淚——這是堅忍、跨越了邪智惡僧長期的殘暴打擊，戰而勝之的無上喜悦的眼淚。

伸一在停車場的餐廳和當地五十多名代表一邊吃午餐一邊懇談，傾聽大家的報告。聽説當地會員聚集在本城的遺址。

「好，去和大家見面吧！」

他和當地兩名幹部代表乘車前去鼓勵。

在車上他們向伸一講及當地的情況。

「我們一直決心為護法而盡力，全力支援寺院住持。最初他嘴上説僧俗和合，但突然翻臉，變成批判、攻擊學會，而且在背後挑撥同志脱離學會……」

一個大街區（後來的地區）有四十五戶學會員，一下子有三十二戶退轉了，真令人痛心。他強忍怒火，挨家走訪散佈在山溝地帶的學會員，拚命鼓勵，絕不能再有同志脱離創價的正義隊伍。

身旁的年長壯年會員説：「那不是人幹的。」然後咬住了嘴唇。

伸一點頭，微笑看向他。

「讓您吃了很多苦。你們努力熬過來了，讓竹田出色地重新奮起。謝謝！」

壯年低着頭，發出啜泣的聲音。

冬天的考驗越嚴峻，迎來春天的喜悅就越大——「勞苦即歡喜」。

學會員陸陸續續來到岡城遺址的本城遺址。有西裝革履，矯健地登上石階的壯年；有背着老人，抖擻地邁步的青年；有急步前行，額上冒汗的婦人……。人人的笑容都是明朗的。

山本伸一在中途下車，開始登上外城，有十幾名男子部員在等候。他們在惡僧的陰謀中為保衛同志而奮戰，是男子漢。伸一和每個人緊緊握手，並贈送鼓勵。

來到本城遺址時，已經聚集了三百多人。大家一看到伸一的身影，頓時歡聲一片，掌聲四起。

「我來看大家了，是專程來和尊貴、重要的同志一同向二十一世紀展開出發的。我們一起合影留念吧。這照片是紀念你們竹田在廣宣流布歷史上留下的大勝利。」

人群中也有幾個小孩。最前排還有大約兩歲的小男孩被祖母抱在懷裏。伸一想，這情景恍如民眾凱歌的精神畫卷，也會永遠烙印在幼小的心靈裏。

《聖教新聞》的攝影記者望向取景窗。由於人太多，不能將全部人收進鏡頭內，只好騎在另一個攝影記者的肩上拍。

同志驅走了惡戰苦鬥的陰雲，滿臉喜氣洋洋。大家的頭上、以及心中都是一片藍天。記者按下了快門。

伸一說：「既然來到岡城遺址，不如大家一起唱《荒城之月》吧！」縣書記長山岡武夫指揮，眾人開始大合唱。伸一也一起歌唱。

春滿高樓繁花香
傳盃弄盞燈影長

感動在同志的胸中捲起千重巨浪。只要貫徹信心，勝利的太陽必然升起。指揮《荒城之月》的山岡曾多次來到竹田，毅然向殘暴的僧侶提出抗議，盡心竭力地鼓勵會員。他想起昔日艱苦的往事和伸一傾注全力激勵會員的行動，不禁心潮澎湃。

佛法是勝敗之爭，而且因果的理法也很嚴厲。

經歷障魔的暴風雨，向廣布邁進的尊貴佛子驕傲地昂首挺胸，心情激動，引吭高歌。

伸一也一起歌唱，並在心裏吶喊：「大家勝利了！作為創價勇士出色地保衛了廣布的正義城。來吧，出發吧！一起踏上征程，朝向那二十一世紀的高峰出發！」

不久合唱結束。

「謝謝大家！」

伸一這樣說，像是讚揚竹田同志的勝利，舉起展現「V」字的雙手，頓時響起了「萬歲！」的呼喊聲。

「萬歲！萬歲！萬歲！」

大家都舉起手高喊。聲音匯成一片，響徹長空。這是宣告民眾時代之早晨的勝利歡呼。

「我畢生不會忘記今天這一天。大家要多保重！」

當伸一開步前行離開本城遺址，眾多同志邊談笑邊跟在他後面前行。

冬天的太陽在空中展露微笑。

走了一會兒，他停下腳步。

「今天，也讓我來給各位竹田的勇將拍個照，把每個人的面容永遠烙印在我的生命裏。來，大家站到台階上。」

伸一把本來想拍風景而拿着的相機轉向大家，按下快門。大家的臉上湧現會心的笑容。

月下荒城一直看着世上不斷枯榮興衰的無常。現在，那遺址在陽光映照下，變成了常樂的幸風吹拂、凱歌轟鳴、充滿希望的歡喜城。

他給會員拍了照後返回餐廳的停車場，換乘巴士前往熊本。

巴士四周擠滿了從本城遺址下來的人。

「要健康長壽啊！一定要幸福起來！」伸一走進人群當中，對大家說。

他一邊鼓勵每個人，一邊和他們握手，然後上了車。

巴士啟動。

「先生，再見！」

「謝謝！」

「大分不會屈服！」

眾人一邊呼喊，一邊揮手歡送。

伸一也從搖晃的車窗揮動雙手。巴士逐漸遠離，駛近迴旋處。

他換到對面的車窗前繼續揮手。

他和同志之間締造着肉眼看不見的牢固紐帶。這就是信賴的紐帶，久遠之誓的紐帶，廣宣流布的師弟的紐帶。

伸一要前往初次訪問的熊本縣阿蘇町（後來的阿蘇市）的白菊講堂。

巴士越過接連大分的縣境，進入阿蘇山麓。不久看見遠方有三隻風箏飄舞。當距離越來越近，看清了分別寫着「旭日」、「獅子」、「雄鷹」。

伸一說：「放風箏的地方一定就是白菊講堂啊。」

下午二時，巴士駛進講堂的正門。從車窗看見在門前空地放風箏的青年。其中一人身穿校服，大概是高中生。

伸一下了車，對迎接的幹部說：「讓你們受苦了。好，我們開始戰鬥吧！」

在熊本，學會員也一直飽受惡僧的中傷風暴折騰，忍耐無理的迫害，徹底奮戰過來。每次跟破壞廣布的魔軍戰鬥、取勝，廣布的前進就會加速。

伸一沒有馬上走進白菊講堂，而是和當地會員的代表合影留念，慰勉他們至今的勞苦，懇談了一會兒。

他又叫來放風箏的高中生，從心裏殷殷鼓勵。他叫本間雄人，是縣立高中三年級學生。

「我看見你放的風箏啊！從遠處也能看得很清楚。很冷吧，謝謝你！你也要在未來的長空悠然飛舞。」

他這樣鼓勵後進入講堂。裏面正舉行自由勤行會，由會長秋月英介主持。

伸一中途進場，看見一個坐輪椅的年輕人便徑直走過去。他叫野中廣紀，高中一年級學生，因肌肉萎縮症而住在療養院。由於患病，他對未來失去希望，鬱悶地度日，但聽了男子部員戰勝化膿性腦膜炎的體驗後發心，剛開始致力於信心。

他母親文乃看見認真唱題的兒子，也決意要用弘教的成果迎接山本先生到熊本。以前她不願意跟知道兒子患病的人進行佛法對話，覺得即使講說御本尊的功德，也無法讓對方信服。

但是被兒子的行動所鼓勵，和女兒一起鼓起勇氣給有孩子患相同疾病而住院治療的母親講佛法。

竟然得到了意想不到的回答。

「你們沒有意志消沉，支持兒子與疾病搏鬥，明朗、充滿朝氣和確信暢談信仰的了不起姿勢讓我很感動。」因此決心入會。

人生不可能沒有煩惱。可以說，活着本身就是和「煩惱」、「宿命」的戰鬥。關鍵是不管怎樣也不離開御本尊。要鼓起勇氣，燃起希望，毅然地祈求，持續奮戰下去。這樣奮鬥就會展現人性的堅強、光輝和尊嚴，能引起他人的共鳴和贊同。

伸一站在野中廣紀旁邊，輕撫着他的背對他說：「要頑強地活下去啊。人人也有使命。不輸給自己的人是勝利者。」

野中覺得第一次聽到不是安慰而是鼓舞生命的勉勵話語。

然後第二天，他收到伸一送來的玫瑰花。他拿着花，從心裏感謝能活到今天。

他在上小學之前被診斷患有肌肉萎縮症，醫生說他難以活到六年級。他在療養院上課，之後考上了函授制高中。期間，療養院裏的十九個朋友相繼死去。

伸一的鼓勵讓他下定決心：「也許自己的人生很短，但是要拚命去活每一天，徹底完成自己的使命。」雖然有疾病這個障礙，但他頑強地、生氣勃勃地向未來邁進的認真的生存態度深深感動同輩朋友。

野中也應縣內高中的邀請在文化節上演講，題為《生存的勇氣》，講述自己與疾病搏鬥的體驗和抱負，聽眾深受感動。

在白菊講堂的自由勤行會上，伸一和與會者一起勤行後，以懇談的形式進行指導。

「日蓮大聖人的佛法是任何世代都不可或缺的。換句話説，飛機向長空雄飛是青年時期，而進入穩定飛行期在天上悠然飛行就是壯年時期。這當中可能也會遇到亂流，劇烈搖晃。

因此要安全地飛行，飛向『幸福』此目的地，那就需要能抵受衝擊的充足的燃料和強大的發動機，即生命力，其源泉就是信心。而且為了不偏離航線，無誤地飛行，測量儀錶，亦即是正確的哲理是很重要的，這就是佛法此法理。

在人生航線上飛行的飛機終將着陸。據説飛機最困難的是着陸時。對於人生來説，這就是最後完成的階段，就是看能否進入一生成佛的跑道。在這個最後完成的階段應怎樣活，使自己的人生莊嚴，那是最重要的。

希望大家即使上了年紀，心也要滿懷青年的氣概，為廣宣流布、為人們的幸福，盡情地活出每一天。畢生求道，畢生挑戰，畢生也是青年。」

他這樣結束講話：「裝飾的白菊花，會場入口的花，窗邊的花都滿溢着各位的真心。我要為大家的辛勞鼓掌，表示感謝和讚揚。可能的話，就這樣擺放到正月，讓到來的人欣賞，那就太好了。」

此日伸一亦贈送他們兩首和歌。

贈給熊本縣女子部的是：

姑娘宛如白菊名

眸子炯炯夕陽紅

贈給大分縣竹田同志的是：

城址傾聽月光曲

笑逐顏開竹田友

伸一一行從阿蘇市的白菊講堂出發，到達熊本市的熊本文化會館已將近下午六點。他沒有休息，立即和縣幹部等舉行懇談會。

結束後，他對縣長們說：「如果有需要我去激勵的家庭或店鋪，就都提出來。我要盡量去探訪多一個家庭，多見一人。看望每一位同志，傾聽他們的煩惱和疑問，耐心對話，直到他們從心裏信服，這是實現飛躍的關鍵。而且要懷着對信心的確信觸發同志的生命。個人指導就是從根底上使人奮起的認真對話。」

十二月十三日白天，伸一在學會員經營的咖啡館和五十多名各部代表召開懇談會，然後視察南九州婦人會館，返回熊本文化會館後又接連和前來會館的人合影留念。

晚上，伸一出席在熊本文化會館舉行的紀念會館落成五週年縣幹部會。縣幹部會上縣長平賀功一郎發表明年五月舉辦文化節，以及包含邁向新世紀出發之誓的「熊本宣言」等。

伸一在會上讚揚熊本縣，特別是水俣、八代、人吉、荒尾、天草、阿蘇地域等同志的奮鬥，然後談到為廣宣流布要步調一致的重要性。

「在推進廣宣流布上，說大家要步調一致是最重要也毫不為過。學會實現了前所未有的大發展，當然是由於御本尊的佛力、法力，但也因為大家以信心為根本，步調一致，為各自地區的廣宣流布邁進。

在推進活動上協商很重要。不過，會有很多不同的想法，也許難以統一意見，這種時候要時常返回『為了甚麼』這個原點。

例如，客機的駕駛員和機組人員為了把很多乘客順利送到目的地，首要考慮的是安全地完成任務。勉強行事或冒險就可能造成嚴重意外。我們的活動，目的也是把眾多的佛子同志安全、無事故地送到牢固的幸福城。為此，需要站在整體的立場去考慮大家能否快樂地生活、度過一生。

大家立足於這一目的觀，同心一致、步調一致，協商才能有結果，才能達成目的。戶田先生經常說：『信心上步調不合拍的人必定會掉隊。』這是須刻記在心的指導。」

此次宗門事件中也有幹部做出攪亂學會組織等事情，所以伸一在這裏談到其共通點。

「以前有一些幹部吹噓是我的親信或者特別的弟子，給大家添了麻煩。實際上他們是利用我來為自己製造虛假的形象，以此作為手段來欺騙同志。

我每天和不同的會員接觸，都是平等地給他們指導和鼓勵。在信心上沒有甚麼特別的關係。硬要說的話，就是常在我身邊的、我託付一切的前任會長十條和現任會長秋月。所以，不要被『我是親信、有特別關係』之類的話欺騙。希望大家要認清說這種話本身就是別有企圖。無論如何要以會長為中心齊心合力，這在推進廣宣流布上是團結的基本。為了未來的發展，我也要強調這一點。」

「雖是軟弱無氣力，扶持者強不至於倒。稍見健壯而獨行於惡路者倒。」（〈三三藏祈雨事〉，御書一五四六頁）伸一又拜讀這節御書進行指導。

「在貫徹信心上，重要的是善知識，也就是要有好同志。即使是軟弱無氣力的人，如果幫助的人強健，就不會倒下。相反，即使稍為健壯的人，但孤單一人的話，就會跌倒在險惡道路上。希望大家與同志互相好好鼓勵，一個也不漏地一起攀登廣宣流布的二十一世紀之山。我的講話到此結束。」

縣幹部會結束，伸一到訪熊本文化會館內的《聖教新聞》熊本支局編輯室，要看看明天刊登在報紙早版的岡城遺址紀念照。他在從竹田前往阿蘇的巴士上已囑咐隨行記者，要盡量將照片放大刊登。

伸一在熊本支局等候，不久送來了第二天（十四日）的《聖教新聞》早版。他立刻翻開報紙，二、三版跨版刊登了和竹田同志的紀念合照映入眼簾。這麼大地刊登照片是破例的做法，連每個人的臉都看得很清楚。這幅合照展現了自豪地挺起胸膛、凱歌轟鳴的氣勢。

標題為「祝願英勇的大分竹田同志長壽多福」，「在岡城遺址大合唱《荒城之月》」，「池田先生與忍受跨越了『淚水』與『氣憤』的三百人合照」。

他對在場的記者說：「非常好！很有氣勢！看到這張合照，大家必定會高興萬分啊！謝謝！」第二天大分縣同志的喜悅從早上就開始爆發。紀念合照猶如是一幅象徵着跨越烈風的創價師弟發誓邁向二十一世紀廣布長征的「名畫」。

很多參加紀念合照的同志把報紙裱框陳列，或者當作傳家之寶珍藏。也有不少人在往後的人生中遇到困苦或悲傷時就翻看報紙上的照片，使自己打起精神，鼓起勇氣繼續奮鬥。

十四日，伸一又前往福岡縣，訪問久留米會館，和聚集在會館的同志嚴肅地勤行，予以激勵，然後首次訪問八女會館。八女銘刻着開拓廣布的歷史，初代會長牧口常三郎、第二代會長戶田城聖都曾在此地奔走弘教。而且去了擔任過八女支部首任支部長的功臣家，還刻下和一家交談的時光。

接着，伸一在位於築後市內作為中心會場的個人會館，與築後代表、福岡縣幹部等一起勤行，召開懇談會。伸一要讓大家明確在廣宣流布道路上會遭遇難以預料的困難，那時候領導人的存在、領導人的行動就很重要。

聖訓教導：「軍以大將軍為魂，大將軍畏縮，則步兵不前。」（〈致乙女函〉，御書一二六九頁）

他以英國首相邱吉爾為例談論領導人的應有姿態。

第二次世界大戰時，希特拉領導的德國納粹黨轟炸英國首都倫敦。邱吉爾去到廢墟，叼着雪茄煙，用手指展示「V」字悠然漫步。他的姿態給人們帶來勇氣。

「邱吉爾有堅定的一念：『倫敦不會因這種攻擊而滅亡！英國決不會敗！』很多倫敦市民感受到他的氣概，毅然地奮起。一念引起波動，確信產生共鳴，勇氣擴展開來。

而且倫敦市民看見希特拉的惡行，有了強烈的想法：『希特拉是異乎尋常的破壞者，絕不能敗給由這種人統治的納粹德國！』可以說，這是發自渴望和平的良知所燃燒的正義火焰。

現在企圖攻擊、破壞正義學會的人，怎樣巧妙地偽裝善良也是脫離正軌、卑劣的破壞正法者。我們必須敏銳地識破這種惡，堅決贏取勝利。否則，不可能開拓廣布的道路。

大家作為領導人，無論遇上怎樣的大難，也要以磐石般的信念，以絕對勝利的堅定一念，悠然地、堂堂地沿着使命的道路勇往直前。會員接觸到這種姿態就會安心，鼓起勇氣。

領導人需要具備以下條件：

『必須是擁有堅定信念與確信的人。必須是誠實而有魅力的人。必須健康，時常生氣勃勃地努力指揮，要注意有規律的生活。在工作上、在職場裏，必須是不可或缺的存在。因為在社會取得的實證會成為指導的力量。指導時必須平等待人、明智、有良知。』

希望你們把以上這些條件銘刻在心向前邁進。」

十四日晚，伸一返回熊本文化會館，第二天上午召集長崎和佐賀縣的幹部商議今後的活動等，下午在該會館舉行自由勤行會。

熊本市內以及城南地域的八代、人吉、水俁本部、天草的同志，還有鹿兒島、佐賀、長崎、福岡縣代表參加，盛大地召開了充滿喜悅的勤行會。

巴士從城南地域、天草連成一排地開來，大家都興奮不已。

由於惡僧的奸計，在這些地區也有幹部離開學會成為宗門檀徒。那些直到昨天還說一切都是託學會的福的人，突然變成了逞袈裟權威的和尚的爪牙，破口謾罵學會，煽動會員退會。

同志無比憤懣地度過每一天。

「寺院想要招攬檀徒，應該自己去折伏！但卻不去做，只盯着信心薄弱的學會員，教唆他們退會跟從寺院！這不是卑怯者才會幹的事嗎？這絕不是佛法實踐者的所為！」

同志怒不可遏，但是都為了僧俗和合忍氣吞聲。甚至因不講理的狀況持續太久，以致認為只有忍耐別無他法。他們咬牙切齒，但持續唱題，一心盼望廣宣流布的前進，正邪早日水落石出。

「我們來重建陽光燦爛的自由的學會！」同志在這種情況下鼓舞自己，奮力弘教。事態終於有了轉機。經過漫長的苦澀時期，看到了希望的曙光，迎接伸一來訪熊本。會員踴躍前來熊本文化會館。苦鬥取勝的同志心中儼然有師。伸一也想見千辛萬苦堅持奮戰的同志，如同把每個人抱在懷裏般予以鼓勵。

雖然距離很遠，但無論發生甚麼事，共同為廣布奮戰的師弟是以金剛的紐帶聯繫着。自由勤行會成為了滿載希望、踏上新旅程的集會。熊本縣長等當地縣幹部致詞後，分別通過了《天草宣言》和《城南宣言》的地域廣布誓言。

《天草宣言》這樣寫道：「天草是在歷史上極為不幸的地方。但今天我們立誓以日蓮大聖人的偉大佛法為根本，共同努力建設樂土天草。」

「我們『妙法的天草四郎』在此宣誓，以畢生青春的信心，生氣勃勃地把天草變成廣宣流布的模範天地。」

接着各縣長上台致詞。鹿兒島縣長報告預定明年內完成鹿兒島文化會館，佐賀縣長宣佈明年春天舉辦二萬人的縣友好總會，長崎縣長介紹諫早文化會館將於明年春天落成。

與會者喜氣洋洋，山本伸一面對麥克風，說他來熊本之前，時隔十三年半訪問了大分，進而談到西南戰爭中大分中津隊的戰鬥。

「一八七七年，西鄉隆盛的軍隊和政府軍在田原坂展開激戰，西鄉軍敗退。另一邊廂，在大分的中津，增田宋太郎和數十人一起作為義勇軍舉兵。這就是中津隊。

他們在阿蘇與西鄉軍匯合，取得出色的戰果，但最後被政府軍打敗，付出生命。雖然是勇猛果敢的戰鬥，但是過於悲慘。

廣宣流布的前進絕不可出現犧牲者，這是我的決意和信條。戰爭中最受苦的是民眾，民眾總是被強加痛苦。將民眾的痛苦轉換為幸福與希望的，就是日蓮大聖人的精神，也是創價學會運動的原點。」

「直到在這片大地上，看到你粗糙的雙手激動抖震，看到你樸素的臉上展現燦爛的生存歡喜為止，一直奮鬥！」——這是他的詩《民眾》的一節。

伸一用充滿確信的聲音說：「按照經文、御書所言，為廣宣流布奮戰，努力弘教，難一定會競起。以前我們所受的難也都是因為實踐《法華經》的信心才發生的。

然而，如〈開目抄〉說的那樣，難即成佛。信心就是在廣宣流布奮戰中呼喚起難，並以難為跳板，大大地向偉大的人生、無上的幸福飛躍的力量。

就算用盡一切方法，在生活或人生中還是會有失敗，但我們有御本尊。只要信心不敗，最後必定勝利。不，所有的勞苦都能作為財產在以後的人生中發揮作用。

安穩的人生未必就能說是幸福，也不是因為有難而不幸。總之，如果能造就無論發生甚麼事也不屈服的頑強的自身，就能夠像滑浪一樣跨越考驗的駭浪。信心就是為此而有，佛道修行就是為此而有。

因此，無論有怎樣的大難，不要感傷，要明朗快活地活出堅持信念的人生。

要說熊本，歌曲《田原坂》是很有名的，人生有各種山坡。廣宣流布的道路上也有難以逾越的險路。但是，為廣布使命而生的我們無論如何也要一個個地越過宿命的坡道。這場奮戰就是人生，就是信心。絕不能面對小小的斜坡就洩氣。

《田原坂》裏有『右手血刃，左手韁繩，馬上悠然美少年』這幾句。

我們是『右手慈悲，左手握持偉大生命的哲學』，要把下一個時代的一切都託付給凜然的後繼青年部。」

最後，伸一說：「我從心裏祈念城南以及天草的同志越來越精進、團結，邁進福運與光榮的人生。」

會場裏響起熱烈的掌聲。當中很多城南、天草的同志拭着激動的淚水，臉泛紅光，站起來不停地鼓掌表示自己的決心。

自由勤行會在感動中閉幕。

與會者離開熊本文化會館後，快步走向離會館步行兩分鐘的壹町畑公園。伸一提議在這裏合影留念。

公園裏搭起高台。為了能拍攝一千五百人這麼龐大的數量，如果不從高處拍下來，就無法把所有人都收進鏡頭。

伸一的身影出現在大家集合的地方。

天氣猶如明媚的春天般溫暖宜人。

「來，我們一起拍照吧！

大家一直忍耐、奮戰，取得了勝利，是真正的師子。讓我們來拍一張愉快爽朗地出發的紀念合照吧。這張照片會大大地刊登在《聖教新聞》上。」

頓時歡呼四起。

伸一向大家提議：「你們徹底跨越了考驗的坡路，迎來勝利的春天。一起挺胸合唱《田原坂》吧。」

這首歌唱出家鄉的驕傲，也可說是熊本的愛唱之歌。響起了緩慢而雄壯的歌聲。

雨淋淋　人馬濕
難以翻越田原坂

右手血刃　左手韁繩
馬上悠然美少年

大家一邊放聲歌唱，一邊深深領會伸一在勤行會上的指導，一邊立誓今後無論有多麼苦難的山坡，也一定要跨越過來。

同志的眼睛裏閃耀着決意。決意是引發堅毅心志的力量。

歌聲充滿了喜悅，意氣風發，響徹晴空。

熊本同志引吭高歌，腦海裏閃過和惡僧攻守與忍耐的日子。今天大家終於實感到勝利的喜悅。

伸一在心裏一邊一次又一次對熊本寶友的奮戰呼喊着：「恭喜！」「謝謝！」一邊與同志一同合唱。

寶貴之身　直至得天下
豈容跳蚤猖獗

合唱完畢，伸一提議：「凱歌轟鳴，現在我們徹底越過了田原坂，一同高呼三聲萬歲吧！這是祝賀大家的勝利和熊本向二十一世紀的新出發。」

大家用力高舉雙臂，挺起胸膛，呼聲直沖九霄。

「萬歲！萬歲！萬歲！」

攝影師按下快門。

熊本的照片大大地刊登在十七日《聖教新聞》的二、三版。這又增添了一幅無名庶民廣布凱歌的畫卷。

此日伸一為城南、天草的同志代表題寫了和歌。

妙法之城南
一忍再忍暴風雨
吾友誠可貴

天草老和少
堂堂人生為廣布
笑容永不忘

伸一結束了九天的九州指導，於十二月十六日回到東京。

二十二日又出席結集神奈川的小田原、靜岡的御殿場地域的代表在神奈川研修道場舉行的勤行會。這些地域的學會員也被惡僧中傷，遭受了無情的對待。然而，貫徹師弟之誓的同志決不屈服。師弟就是靈魂的支柱。

伸一決心走遍全國，鼓勵因正信會僧侶的擾亂而受苦的同志，共同向二十一世紀出發。

小田原和御殿場分屬於神奈川縣和靜岡縣，但在江戶時代都是小田原藩的領地。這兩個地方的同志都以「冠譽日本的富士山」為豪。

一九七五年八月，小田原的同志召開「箱根芒草集會」時邀請了御殿場代表，九月舉行的「御殿場家族友好集會」也邀請了小田原代表。

自宗門事件的暴風狂飈以來，兩地的同志也互相鼓勵，在廣布的崎嶇路上勇往直前。「教導我們信心的是學會！」

「『魔不競出，焉知正法』（〈兄弟抄〉，御書一一三〇頁），我們決不會屈服！」

同志都堂堂走過師弟之道，齊聚神奈川研修道場。

天空一片蔚藍，箱根的外輪山前邊鮮明地浮現白雪皚皚的富士山。大家手挽手合唱《富士之山》。

雲上露出頭

俯瞰四方山……

猶如巍峨的富士山——這就是小田原和御殿場同志的氣魄。

此日伸一贈送了和歌。

仰望富士山
白雪鎧甲光耀眼
我們也如此
廣宣流布
無限更無限
何懼天下險

伸一年底也走訪東京的板橋、江東、世田谷和江戶川各區，又去了神奈川文化會館。

聖訓有云：「打火中休者不能得火。」（〈覆四條金吾書〉，御書一一六二頁）傾注全部精力，不停地奮鬥，才能開闢廣布的道路。

青年的太陽衝破黑暗，赫赫升起。

青年是希望——清澈的眸子，爽朗的笑容，滿懷鬥志，滿溢力量。年輕人踴躍而出，時代的黎明就會來臨。

一九八二年，學會把這一年定為「青年年」，朝氣蓬勃地向二十一世紀出發。

元旦，山本伸一在神奈川文化會館眺望從東方升起的旭日。

「青年的時代終於揭幕了！」

每次到各地，他都深切感受到這一點。自己親手培育的青年像雄鷹一樣茁壯成長，滿懷決意展翅飛向新世紀的長空。

「創價的全體同志啊，時機已到！現在就要奮戰，和青年共同掀起廣布的浪潮吧！」

伸一值新年之際，吟詠了三首和歌。

妙法廣布的遠方
山峰巍巍立
金剛燦爛旭日光

多少次跨越
狂風暴雨的山嶽
祈願同志定平安

歡天喜地
不惜生命弘妙法
永遠流傳成青史

元旦當天，在神奈川文化會館的八樓、七樓、五樓、三樓和地下二樓共五個會場舉行新年勤行會。伸一身穿禮服到各個會場出席了十多場勤行會，鼓勵參加的會員。他下定決心，這一年就是開啟新世紀勝利潮流最為重要的一年。為此必定要走進同志當中，持續對話，率先垂範地鼓舞大家，觸發大家。這是他的結論。

闖將只能由闖將培育。

下午，創價高中足球隊成員來到神奈川文化會館拜訪創辦人伸一。他們在縣級分組賽中成為全國高中足球錦標賽東京B組代表，於東京國立運動場舉行的開幕儀式一結束，就立刻來報告參加錦標賽的消息。

伸一和足球隊員一起拍了紀念照。他們是首次參加全國錦標賽。

伸一對隊員說：「要像平常一樣盡情地比賽啊。」

本來過度緊張的成員一下子放鬆了。

他對周圍的人說：「輸了的時候要以明朗的笑容鼓勵他們，贏了就要高興地為他們感動流淚。」

第二天（二日），創價高中打第一場比賽，對手是代表大分縣的高中。此日是伸一五十四歲生日。

隊員發誓「要以首戰告捷祝賀創辦人壽誕」。大家發揮超出平時的力量，隊友充滿默契，配合得絲絲入扣。

守門員在年底的練習比賽中弄傷了左膝內側韌帶，紮上繃帶出場，邊流着鼻血邊死守球門到底。但是兩隊勝負難分，比賽零比零，以互射十二碼決勝。結果取得入球，創價高中獲勝。這是不服輸的精神發揮得淋漓盡致的比賽。

電視轉播了這場比賽的實況，播放着學園宿舍歌《草木萌生》（後來是創價中學、高中的校歌），映出隊員挺胸高歌的凜然表情。

四日，進行第二場比賽，創價高中和北海道代表交鋒。經過激烈的較量，最後雖然以零比一飲恨，但頭一回參加比賽，可說是充份發揮了拼搏精神。

北海道代表的前鋒是高中部員。比賽結束後他跑到創價高中教練跟前，行禮說「謝

優勝
創価高等学校
創価

謝！」作了自我介紹。二人緊緊握手，周圍響起了掌聲。

他英姿颯爽地說：「今後我會連創價高中的份兒也加倍努力。」

又是一齣精彩的青春劇。

元旦，伸一上午和下午在神奈川文化會館出席新年勤行會，然後前往靜岡縣。翌日，參加宗門在總本山舉行的各項活動。

三日，他在靜岡研修道場鼓勵靜岡縣幹部代表，四日和五日，親自主持教育部新春研修會等，猶如飛機乘勢起飛，全速運轉於新的一年展開奮鬥。

九日，伸一和會長秋月英介一同出席在學會本部師弟會館舉行的首都圈高中部勤行會。

他和大家一起，向戶田城聖誓願世界廣宣流布而成為願主的「大法弘通慈折廣宣流布大願成就」的創價學會常住御本尊奉上深深的祈求。他一邊唱題，一邊鮮明地想起十六年前的一九六五年十月，在這個會場給當時高中部的每一位部長授予剛做好的部旗。

那時候參加的高中部員，如今很多已成為男女青年部的核心，在廣宣流布的大舞台活躍。同樣，現在這些成員也將成為肩負二十一世紀的學會柱石。想到這一點，他心潮澎湃。

「學會有後繼的年輕師子陸續成長，未來堅如磐石。」——這一確信就是伸一的勇氣泉源。他決心更加盡心竭力地鼓勵和培育男女青年部、學生部、高中部、初中部和少年少女部的成員。

勤行之後伸一和全體參加者拍紀念照，從心裏祝福年輕英才的前途，進而又和少年少女部代表合照。

之後，他前往目黑和平會館（後來的目黑國際文化會館），和東京目黑、品川區代表懇談。目黑有寺院成為正信會僧侶的活動據點，同志一直和惡僧進行攻防戰。

「鼓勵苦戰的同志！」——伸一從年初就奔赴激戰之地。

他在目黑和平會館的懇談會上傾聽參加者的報告。

目黑同志遭受傲慢而冷酷的正信會僧侶攻擊，吃了很多苦。那完全是嫉妒學會發展、破壞廣布的惡行。

伸一對目黑幹部說：「現在就是真正奮戰的時候，要行動！不論遇到怎樣困難的狀況，也要用行動去打開新的局面。」

他的語調平靜，但聲音裏充滿了力量。

「只要大家的一念改變，尤其是領導人的一念改變，任何最壞的事態也一定能開闢出道路。」之後舉行自由勤行會，伸一全力勉勵聚集到來的同志。

「甚麼是正確的信心呢？那就是無論發生甚麼事情也畢生徹底相信御本尊。而且要對分不清正邪善惡的人言明真實很重要，這是需要勇氣。目黑的同志不要受制於虛榮和門面，要勇敢地掀起佛法對話的浪潮。」

「人生要求我們要有勇氣。」（《廣闊的腹地：條條小路》，羅薩著）這是巴西文豪若昂．吉馬朗伊斯．羅薩的話。

第二天，伸一要動身去秋田指導。雖然他也要做各種準備，但只要時間允許就繼續進行鼓勵。在東京受苦最多的目黑同志，毅然沿着創價的正義道路走過來。伸一希望他們打開勝利的突破口。

當晚伸一在日記中寫道：「大家因僧侶的惡逆行徑流下血淚。此世不應有之事也。每當思及眾友受苦，不禁有泣血之感。佛智與信心必獲證明。」

因為佛法講勝負，我們必須取勝，宣揚創價的正義。

目黑師子在這一年逐步實現「弘教一千一百一十五戶」此全國第一的出色發展。

從上空看見的秋田是美麗的銀白世界。一九八二年一月十日下午兩點多，山本伸一等人搭乘的飛機從東京飛行了大約一個小時，抵達秋田機場。

「不用在這樣的隆冬去吧！」——伸一拒絕了周圍的勸阻，時隔約十年再到秋田指導。當時秋田的同志受到正信會僧侶的嚴重迫害，以致有「西有大分、東有秋田」的說法。這是他堅決前往秋田的原因。因此在迎來新年後，過了初七，他就懷着刻不容緩的心情飛往冰天雪地的秋田。

他和來迎接的縣幹部打過招呼後，走出機場大樓。迎面吹來的寒風刺骨，停車的地方有七、八十位會員在等候。要是可能的話，他要跑過去和每個人握手，讚揚大家的奮戰。但想到不能影響其他客人，就只對大家說了一句話。

「我們晚些再見！」

伸一上了車，前往去年底在秋田市山王沼田町落成的秋田文化會館（後來的秋田中央文化會館）。他眺望窗外，陽光從雲縫灑落大地，銀裝素裹的大地閃閃發光。聽說昨天從拂曉到上午都下着大雪。

汽車行駛了一會兒，只見加油站前有四十多個身影。同車的負責東北的副會長青田進說：「他們是學會員，大家都非常努力。」

伸一默默點頭，讓車停下來，走向求道之友那裏。路面融雪的水弄濕了皮鞋，但想到同志在寒風中等待，他就不能視若無睹。

「這麼冷，辛苦了！」

大家發出歡呼聲，面上露出「終於迎來這一天」的認真而爽朗的表情。勞苦的薪柴越多，歡喜的火焰燃燒得越猛烈。

在場的有把褲腳塞進長筒膠靴、穿着棉大衣的壯年，穿高腰皮靴、頭戴毛線帽子的婦人，也因為是週日，還有和父母一起來、臉蛋通紅的孩子。

山本伸一邁步，一邊小心不要把腳陷進雪裏，一邊高高舉起雙手，以笑容來擁抱大家。

「謝謝大家！大家好嗎？

讓大家辛苦了。我今後也會繼續維護大家。大家都要長壽，要幸福起來。就從今天重新出發，一起奮鬥吧！」

他撫摸孩子的頭，和壯年握手。也有人報告工作或健康狀況等。那是一場「街頭座談會」。然後一起拍紀念照。

汽車行駛了不一會兒，又看見路邊站着幾個人。伸一又讓汽車停下，下車予以勉勵，一起拍照。《聖教新聞》的攝影記者忙着連連按下快門。

這麼不斷停下來數次，汽車到達牛島西二丁目的十字路口附近，有七、八十人緊盯着駛過的車輛。他們是唱題祈願活動成功和天氣晴朗的會員。

「先生一定經過這條路，我們到外面歡迎吧。」所以大家在等候他。

伸一立刻下車，大家都很驚訝，笑逐顏開。

「我來見大家了！為了紀念今天，我們一起來拍照吧！

大家吃了很多苦頭，我要祝賀大家取得勝利。大家常在我心裏。我一直為大家送題目，大家也給我送題目，這就是師弟。雖然平時不能見面，但我們的心連在一起。」

一位婦人就說：「先生！不用擔心我們。不論別人說甚麼，也動搖不了我們對信心的確信。因為我們是先生的弟子，是師子！」

汽車再從十字路口走了幾百米，又看見有人聚集在汽車廠前面。伸一也在這裏下車，與大家開了一個「街頭座談會」。

聚集的人群當中也有地域的領導幹部。他們拚命跟迫使學會員退會的寺院方面對抗，守護和鼓勵同志。

伸一一邊和他們緊緊握手，一邊讚揚他們的頑強奮鬥。

「關於你們守護同志、拚命展開奮鬥的情況，我都接到了詳細報告。因為你們和我同心，代替我奮鬥，所以學會才強大。這就是異體同心的奮鬥。

有些人一旦發生甚麼事，就隨聲附和，對信心產生懷疑，批判學會。那樣做將來定會後悔不已。」

他腦海裏浮現〈開目抄〉的一節。

「我及我弟子，雖有諸難，若無疑心，自然得至佛界。勿疑天之無加護，勿嘆現世之未得安穩，雖朝夕教我弟子矣，皆因生疑棄離。愚人之習，於約束事，偏於重要時分忘失。」（御書二五一至二五二頁）

伸一繼續說：「大家沒有屈服，而且在『重要時分』奮戰到底，取得了勝利。此果敢的奮鬥將燦然輝耀在廣布史上。」

大家笑逐顏開。

伸一在前往秋田文化會館的路上和同志進行了九次激勵的對話。

和副會長青田進同乘伸一汽車的東北長山中暉男，在身邊目睹伸一的行動，心下深思：「先生一直在認真地激勵每個人，給大家注入師子的精神。這就是先生的心、學會的心。我也要從心底愛惜同志，鼓勵同志！」

精神的繼承不是只靠語言，更要通過行動來傳授、示範。

很多同志在秋田文化會館等候山本伸一。刻着伸一題寫的「秋田櫻」的紀念碑設置在會館的院子裏，揭幕儀式和紀念植樹已經準備就緒。

伸一來到會館，沐浴在從雲間射下來的陽光，主持揭幕、植樹，還和大家拍紀念照。

他視察會館，陪同的縣長小松田俊久請求給正門的廣場命名。

「聽説昨天下雪了，今天卻放晴，那就叫『晴天廣場』如何？暴風雨也好，暴風雪也好，總會有停止之時，晴朗的日子必定到來。這樣實踐就是信心。」

小松田臉上笑容綻開。

「『晴天』是我們的誓願。」

——十年前的一九七二年七月，日本列島遭受大雨襲擊。伸一到仙台進行東北指導的九日，九州、四國方面發生了山崖崩塌，接近二百人死亡和下落不明。這就是「昭和四十七年七月暴雨」。秋田縣也下了大雨，縣北部河水氾濫，多處水浸。

原定十二日在秋田舉行和伸一的紀念攝影會，由於這場暴雨不得不中止。但伸一在山形的攝影會結束後，十一日就前往秋田。因為他擔心大家遭受水災的影響，心情一定很沉重，所以要排除萬難去秋田，鼓勵最困難艱苦的同志。

他到訪秋田會館，詳細了解縣內各地的受災情況後，馬上接二連三地派遣幹部去慰問災民等。還出席在會館召開的會議，強調「變毒為藥」的信心。

那天，雨已經停了，天空佈滿美麗的晚霞。自此以後，對於秋田同志來說，晴天、晚霞便成為了戰勝暴雨考驗的象徵。

如今，秋田同志戰勝了正信會僧侶所掀起的「暴風雨的宗門事件」，在「歡喜的晴天」裏迎接山本伸一。

正因為如此，聽到「晴天廣場」的命名時，不僅小松田俊久，周圍的人都難掩喜悅。

抵達秋田此日的傍晚，在秋田市內舉行東北代表者會議，席上詳盡報告了正信會僧侶在大曲、能代等地的寺院對學會員的殘酷壓迫。

——在某一所寺院，當委託和尚做法事，和尚竟抓住這個機會，説想要他去就要先退會。學會員不向這種恫嚇低頭，以大街區長（後來的地區部長）為導師，不理會前來嘲弄的退會者，齊聲嚴肅地朗朗讀經、唱題，舉行法事。

在另一間寺院，和尚對家屬去世、悲痛莫名的婦人部員惡言相向，説甚麼「都是因為加入了學會」，完全不像僧侶應有的行為。

代表者會議上也檢討了派遣幹部前往鼓勵這兩地的同志的安排。

伸一說：「想到大家至今所吃的苦，我無比痛心。你們都一一忍耐過來了。本佛定會大大讚嘆為廣宣流布堅持正義的大家。

總之，領導人要以廣闊的胸懷包容和徹底保護大家。這個時候無微不至的關懷很重要。人往往被情感左右，缺少關心的隻言片語也會傷害對方。在信心的世界，絕不容許因為不慎的言行或粗暴話語而使同志退轉。要以敬佛之心和同志接觸，這才是信心的根本。

請大家要深深自覺，創價學會就是徹底尊重每一個人、富有常識、磨練人格的世界。」

伸一在東北代表會結束後，返回秋田文化會館，又和工作人員一起勤行，並與青年部拍紀念照。這一天他鼓勵的會員多達千人。

伸一聽說很多同志在家裏唱題，祈求各項活動圓滿成功，又為此送上感謝的題目。後來由這些會員成立了「雪中秋田指導光榮組」。

第二天十一日，從早晨就晴空萬里，陽光耀眼。

正午之前，他和東北區域以及秋田縣幹部乘坐學會本部的巴士前往秋田會館。直至前年底秋田文化會館落成為止，這所法城一直是縣的中心會館。這裏從元旦開始舉辦為期一個月的「和平行動」展，介紹伸一推進世界和平的歷程。

他要去會見那些甚至連年末年初休假也投身籌備和運營的青年部員，表達感謝之意。

「辛苦了！大家都很努力！」

他跟展覽負責人和擔任導賞的會員打招呼，也觀賞了一會兒展覽。

然後他和代表共進午餐並懇談，又探訪廣布功臣家。那是已故佐藤幸治的家，他曾擔任被稱作「日本海之雄」的秋田支部第一任支部長。

佐藤是在一九五三年三十九歲時入會。移居東京的么弟先開始信心，由於弟弟努力弘教，幸治以外的四個弟弟妹妹於前一年相繼入會。

幸治觀察着學會，心想：「學會吸引了這麼多青年加入，真想直接與學會的會長見面，跟他交談。」

於是他造訪第二代會長戶田城聖。二人談話完畢後，戶田注視着他說：「秋田拜託你了！」

他被戶田的氣魄和人品打動，不由自主地回答：「是，我會在秋田努力！」生命和生命的共鳴撼動人心。

入會後，佐藤認真致力於學會活動。他天生耿直認真。

當時秋田屬於蒲田支部的矢口地區，山本伸一妻子的父母春木洋次和明子擔任地區部長和支部婦人部長。二人每個月輪流坐夜車搖晃十二個小時到秋田去指導和鼓勵。

他們從信心的基本開始逐一懇切用心地教給佐藤等會員，還一起去折伏、做個人指導。也教導他們拜讀御書，滿懷確信地宣講佛法法理的重要性。淳樸可愛的秋田同志像海綿吸水一樣掌握這些信心的基本，迅速增強了力量。

通過實踐才能繼承信心。後輩以前輩的行動為榜樣學習、成長。

佐藤入會一年後的一九五四年，誕生了八百戶陣容的秋田大班，接着於一九五六年發展為秋田支部，佐藤就任支部長。那時的支部婦人部長是他的妹妹佐藤哲代。

佐藤從事開發溫泉等的勘探工作。因為宗門在總本山沒有充足而安全的飲用水，一九五五年正月戶田城聖委託他勘探地下水脈。自明治時代總本山就多次進行水脈調查，地質學家的結論都是「沒有水脈」。

隨着每年到訪的學會員增多，宗門日漸繁榮，確保飲用水的問題迫在眉睫。佐藤花了約三個月在可能有水的地方鑽探了二百米，卻沒有發現地下水脈。

戶田嚴厲地指導：「為了外護宗門，守護佛子同志，必須找到水脈。」佐藤被戶田祈願廣宣流布、徹底愛護宗門的赤誠深深感動，拚命祈求。

佐藤幸治以堅定的一念不斷地認真唱題。有一天，在某個地方只挖掘二十六米就奇蹟般噴出地下水。水量一分鐘大約二百一十六公升，水質良好，是一個源源不絕的水源。總本山境內因此才能鋪設自來水管道。

佐藤一輩子都不能容忍惡僧踐踏學會徹底外護宗門的真心。

伸一在辭去會長三個月前的一九七九年一月訪問青森文化會館，和東北代表懇談，佐藤和妹妹哲代也有出席。佐藤兩年前被診斷患有肺癌，醫生告知「只能活多三個月，最長一年」。

伸一緊緊握住他的手，說：「只要有信心，任何事情都無須畏懼。要全力活出每一天。

朝陽也終將變成夕陽。要像那莊嚴的赫赫夕陽妝點人生一般，作為照耀人們的太陽，在同志的心中留下永遠光輝的指導。」

佐藤猶如火鳳凰般振奮起來，率先走訪學會員家，進行個人指導。很多同志被他的鼓勵觸發，燃燒破邪顯正的熱情。大家誓約堅決守衛創價城。奮戰的人生閃耀着美麗的光彩。

翌年五月，佐藤落下了六十六歲的人生帷幕。在被診斷患有癌症後多活了三年，顯示了更賜壽命的實證。

伸一的妻子峯子和兒子代替他前往弔唁。生前伸一送給佐藤一根手杖。按照他的強烈願望，棺材裏他身穿禮服，握着手杖。這包含着他「踏上來世的廣布遠征」的心意。

此後過了一年零八個月，伸一來到佐藤家，和夫人美榮子、妹妹哲代等家屬及親戚一起勤行，獻上追善的題目。

完成勤行後，伸一懇切地對遺屬說：

「幸治真是一個人品好、專心致志勤勵信心的人，是廣布的大功臣。」

然後他注視大家的臉。

「幸治牢牢地奠定了佐藤家福運的基礎。今後大家要繼承他的信心，讓幸福之花永遠盛開。

即使是第一個接棒，如果不跑到底，也無法到達終點。後繼有責任拿出實證，在各個方面讓周圍的人讚嘆：『不愧是佐藤家！』

今後將開始佐藤家的廣布第二章。一起開始新的前進吧！」

十日晚上，伸一在秋田文化會館出席縣代表會議。

會上發表了設置縣婦人會館、縣南部也建設文化會館的構思，是一場滿溢歡喜的出發盛會。伸一對着麥克風談到真正佛法實踐者的生存方式。

「這絕不是甚麼特別的事。人生有各種各樣的事情，但是要堅持『無論遇到甚麼困難也面向御本尊唱題』這一念，踏實地進行學會活動。最重要的是把自己的生存方式主軸定在廣宣流布上，以御書為根本，徹底為正法奮戰，這樣的人才是真正的佛法實踐者。

以前也有人一陣子轟轟烈烈地信心，卻最後退轉而去，背叛學會。仔細看看這種人，就可得知他們都有共通的地方，就是任性、貪圖名利、獨善、虛榮心強。

最終以自己為根本，不過是為自己而利用信心和組織而已。無論怎樣善於鑽營取巧，終將暴露其本性。這就是妙法的嚴峻，是信心的世界。」

伸一向跨越了各種風霜苦難的秋田同志坦率地談到自己的心情。

「我曾多次被人欺騙，也曾被利用、陷害。

我知道自稱為我弟子的人當中也有這種人。也有人提醒我：『那個人別有用心，最好趕快離他遠點。』即使如此，我也以寬大的心去對待、包容他。雖然明白他的根性和企圖，但想讓他覺悟信心，堅持與他對話。還多次嚴厲地指出他的本質，不斷加以指導。

為甚麼呢？因為一再被騙也相信弟子，竭盡全力使他重新做人，就是師匠，就是我的心。

然而，如果他暴露其惡的本性，折磨佛子的同志，擾亂學會，破壞廣宣流布，那麼他就是佛敵了。那就只有徹底奮戰，這一點不能猶豫。

人越是想陷害他人，就越問心有愧。為了隱藏自己的惡，而拚命攻擊別人。這是我三十幾年信仰生活的切實感受。

然而一切都受到因果法理這一生命法則審判，因果是嚴格的，擁有這種確信才是實踐佛法者。

我們徹底為廣宣流布、為世界和平與人類幸福獻身，但惡僧和被他們矇騙的人都無法認知這個嚴肅的事實。大聖人曾道出惡人是怎麼看色相莊嚴[10]的釋迦佛。

『或有惡人見其是炭，或有惡人見其是灰，或有惡人見其是敵。』（〈破信墮惡書〉，御書一三七〇頁）

---

10 色相莊嚴：為使眾生湧起求佛之心，佛身有三十二相八十種好的超然特徵。

歪斜的眼睛裏一切都看成歪斜。被嫉妒、瞋恚、偏見扭曲的心不可能映出真實的學會，所以他們宣稱學會謗法。被惡憎恨就是正義的證明。」

伸一結束了指導。秋田之友的胸中高張「日本海之雄」的驕傲和決意。

伸一離場前，來到會場後面，對一位婦人展露笑容。她是田澤本部的婦人部指導長關矢都美子。

一九七九年一月，伸一訪問岩手縣水澤文化會館時，她作為秋田縣代表參加懇談會，報告了縣內僧侶和檀徒異乎尋常地攻擊學會的情況。

一九七八年二月，寺院不許學會員聽御書講授，檀徒站在門口把學會員趕回去。關矢說：「你們沒有權利阻止我！」進入本堂，這下子住持怒吼：「你給我出去！」她毅然地質問理由。住持回應說：「因為學會謗法。」她當即說：「憑甚麼說學會謗法！」一步也沒有退縮，伸張學會的正義。關矢感到「障魔終於開始襲擊了！」四處奔走激勵學會員。一位婦女堂堂地秉持對創價學會的大確信和有條有理的破邪顯正言論，使很多同志振奮起來。

那次在水澤的談話過了三年了。

伸一對關矢說：「你在沒有前輩的情況下真的很努力地奮鬥過來。守護學會的人，就是指無論發生甚麼，都抱持『我來使大家幸福！肩負起一切責任！』此和我同樣決意的人。這就是與學會共進。

不作為一個肩負學會的主導者，只充當旁觀者、評論家，那是因為懦弱。立刻隨聲附和，批判學會的是被毀譽褒貶牽着鼻子走之徒。

您堅持了信念，出色地取得勝利了，謝謝您！

來，是新出發！讓我們以二十一世紀的二〇〇一年五月三日為目標一起前進吧！」

「是。那時候我八十一歲。我一定要健康地活下去，還能和您見面嗎？」

伸一笑着回答：「不是還有將近二十年的時間嗎？我和您還會再見很多次面的。為了廣宣流布，在關鍵時刻經受各種辛苦、奮戰到底的人，我永遠不會忘記。您的名字在廣布史上永遠留芳。」

日後，他贈給關矢一首俳句。

共同活下去
直到新世紀
地涌菩薩啊

第二天（一月十二日）召開縣幹部會，慶賀秋田文化會館落成。

同樣跨越了宗門事件考驗的大分縣代表也來參加，會上宣佈兩縣締結姊妹交流，架起廣布的虹橋。秋田還確定以「建設支部」、「充實座談會」為目標展開前進。

此日伸一在講話中說：「我唯一的願望就是大家健康，生活安定，度過美好的人生。還有，要牢記信心是為此而有，信心即生活。」

信心、學會活動的目的是甚麼？——是為了廣宣流布、立正安國，但根本目的是為了自己的幸福。唱題的同時，也為實現廣宣流布、立正安國而實踐，自身生命就會躍動，感到歡喜，能達成人間革命和宿命轉換。在自己的家、自己的班、地區和自己的社區使幸福之花綻放的道路就是每天的學會活動。

伸一在秋田縣幹部會上談到「人生最深刻的回憶是甚麼」。

「每個人都有各種各樣的回憶，一般會隨着歲月而變得淡薄。但是，不論有意識還是無意識，信心修行的回憶會成為最美好的回憶留存下來，直到永遠。因為從因果法理來看，廣宣流布的活動是通向永遠幸福的步伐，作為歡喜與躍動的回憶最深刻地烙印在生命中。」

誠如聖訓所教：「須是一心唱誦南無妙法蓮華經，我既唱之，亦勸他人，唯此可作

今生人界之懷思。」（〈持妙法華問答抄〉，御書四八九頁）

伸一回顧自己擔任代理文京支部長時的活動，以及在關西一個月達成一萬一千一百一十一戶弘教的奮戰，講述每天竭力為廣宣流布奔走，就能創造自己人生的黃金記憶。

此日，他對秋田的幹部說：「我和來館的會員傾談時，很多人表示希望支部和地區的成員也能參加勤行會。所以我提議明天舉行自由勤行會，大家贊同嗎？」

大家拚命點頭，高興得臉泛紅光。

「好，就這樣決定。至今是支部幹部以上的開會，從明天起，願意參加的人都可以來參加。今後是決戰啊！至於勤行會的次數，舉行兩三次也可以。

由於我上午還要和代表開協議會，所以在上午的勤行會結束時，會和參加的人匯合一起拍紀念照。」

第二天十三日早晨，從前一晚就一直下着雪，但秋田同志冒着下個不停的雪從縣西北的能代、縣中央的大曲等地意氣昂揚地趕來。

「暴風狂吹　我等集合　雪原的廣布法戰……」這是秋田同志一有機會就唱的縣歌《嵐舞》。

早上在秋田文化會館和工作人員一起勤行後，伸一出席在市內舉行的協議會，中午後便趕到拍攝紀念照的地點會館前面的公園。

上午舉行了兩場勤行會，參加的人喜氣洋洋地等着拍照。雖然雪仍然下着，但人人也精神抖擻。

這幾年秋田同志一直咬牙切齒地過日子。

——惡僧的一貫伎倆就是以參加葬禮為交換條件迫使會員退會。而且在還未入信的家屬親戚都在場的葬禮上沒完沒了地謾罵學會，不斷加以中傷。到了最後，甚至說出「死者不能成佛！」這等殘忍的話，是沒有人性、冷酷無情的卑劣行徑。

秋田寶友忍耐並衝破這樣的壓迫，如今和伸一共同向二十一世紀揚帆啟程。他們的心中滿溢「春天終於來了！」的喜悅。

伸一穿着白色防寒衣在雪花飛揚中出現。氣溫只有零下二點二度，但仍然聚集了約一千五百名同志。他們發出熱烈歡呼，掌聲響成一片。

伸一登上準備好的講台，手握麥克風。

「大家冒雪到來，真的辛苦了！」

「請不用擔心！」精神飽滿的聲音回應着。

「你們堅強而精神煥發的姿態，正就是《人間革命之歌》裏唱的『冒着風雪挺起胸膛奮勇向前進』的氣概。

今天作為秋田的大勝利宣言，讓我們大合唱《人間革命之歌》吧！」

像是要把冰雪融化一般的響起了嘹亮歌聲。

你也奮立起　我也奮立起
在廣布的天地上　一人奮立起……

伸一也一同歌唱。大家的心裏熊熊燃燒着鬥志。這是創價師弟自豪的凱歌。

對於秋田同志的英勇奮戰，伸一又提議：

「我們來為大家的奮鬥和大勝利歡呼吧！」

「噢——！」的聲音隨即震響。

接着，說是民眾勝利的大宣言的勝利歡呼在白雪的天地轟鳴。

「哎、哎、噢——！……」

大家都用力舉起右臂，放聲歡呼，用整個身體來傳達勝利。

下個不停的雪宛如白花飄舞，猶如諸天的祝福。《聖教新聞》的攝影記者在高高的吊車上捕捉這一瞬間，按下了快門。

伸一對大家說：「請大家多多保重！不要感冒。下次再見！」

過了下午一點半，舉行了此日的第三場自由勤行會。

伸一也出席，擔任了勤行導師後，轉向麥克風。

他指明日蓮佛法的佛道修行原理是「信、行、學」，同時強調學會活動就是為此而有。然後，他指出在學會活動的實踐中才有佛道修行、宿命轉換和一生成佛。

伸一還提到秋田縣創價學會裏有很多優秀的教育工作者，所以經協議會研究，由教育部員代表組建「秋田教育工作者俱樂部」，期待他們能成為貢獻地域的支柱。

他又舉出日本廣宣流布推進得最好的地域之一是仙北郡太田地域，將焦點放於成為其推動力的草創同志，表揚他們一直以來的奮鬥，從心底予以鼓勵。

在仙北郡太田地域作為第一任地區部長奮鬥過來的是小松田城亮。

一九五三年在東京讀大學的五兒子回來探親時給他講述信心的事。城亮的妻子美代體弱多病，長子的孩子接連夭折，媳婦婚後三年患上敗血症去世。雖然擁有祖輩傳下來的廣闊田地，稻穗長得像黃金一般，但心裏卻黯然無光。他不願意向不幸連連的人生妥協，聽到佛法所說的因果法理，在半信半疑的情況下和妻子、長子一起入了會。他們是秋田縣太田町（後來劃為大仙市）一帶最初誕生的學會員。

開始勤行的妻子一天比一天健康，陰沉的家裏響起了笑聲。前來鼓勵的學會員雖然各自抱有很大的辛勞，但他們那堅強、明朗、積極生存的姿態讓城亮掌握了對信心的確信。

他一心想跟人談佛法，首先折伏了表弟。妻子的娘家也開始信心。城亮夫婦一有時間，就披起蓑衣、戴着斗笠到處去弘教。

在地域裏，他們有很多親戚。夫婦從親戚再傳給親戚，還有熟人，擴大了弘教的圈子。一九五九年太田地域成立地區，城亮當上地區部長。

入會十年後已經有四十七戶親友入會，縣南一帶誕生了大約四千七百戶學會員。不過事情不會總是一帆風順的。一九六三年他外出時得知家裏燒光了，代代相傳的房屋和財產化為烏有。

「不是說『是最高的教義，一定會受到保佑』嗎？」會員當中曾出現這樣懷疑和不信的聲音。

然而他一邊微笑，一邊挺起胸膛明確地說：「沒問題，不用擔心，我們有御本尊！」

在心中輝耀的確信太陽，會掃走周圍人們不安的陰霾。

小松田城亮一家在臨時居住的小工房裏安置御本尊，努力唱題。他仍然騎自行車奔走在田埂上，到處弘教和鼓勵後輩。

不久，他蓋起新房子。

在家族的學會員當中誕生了很多貢獻社會的人才，如高中的理事長、在當地區域政府擔任重要職責的人。學會裏也有很多成員作為領導人大顯身手，縣長小松田俊久也是其中一人。

城亮培育人才的秘訣是徹底照顧自己弘教的人，直到對方能夠自立為止。

他經常對後輩說：「我有責任和自己弘教的人一起行動，直到他成長到能夠一個人去弘教為止。也就是說，直到徹底傳授自行化他的實踐為止，才可以稱做折伏。」

伸一詳細聽了秋田幹部關於他作為整個家族以及地域廣布「第一粒種子」奮鬥的報告。當時城亮已經八十四歲。

伸一深思：「正因為有很多這樣的無名英雄，他們不為人知地付出辛勞，誠實、堅韌地和家族、兄弟姐妹、親戚以及地域的友人結下牢固的信任紐帶，學會才得到大發展。」

自由勤行會上，伸一對草創同志那奮不顧身的活動表示深深的敬意，然後提議上午參加勤行會的人組成「風雪組」，下午參加勤行會的人則組成「嵐舞組」。

歡欣鼓舞的掌聲經久不息。

勤行會結束後，再次在會館前面的公園裏拍紀念照。雪終於停下來了。

小松田縣長帶頭三呼萬歲。

「萬歲！萬歲！萬歲！」

勝利的歡呼聲直沖雲霄。

為了紀念這一天，伸一贈送了和歌。

歡喜求道寒風中
為廣布挺胸奔走
秋田之友放光輝

在自由勤行會結束後的十三日晚，伸一出席在秋田市內召開的縣青年部最高會議。第二天預定舉行縣青年部總會。他用大量時間來聽取年輕領導的意見和要求。

為開啟地域廣布的確切潮流，加強培育人才等也成為話題。當中，有人提議在秋田召開世界農村會議。伸一讚賞這是個好提議，然後笑容滿面地談這個想法。

「這個想法很重要。糧食問題對於地球整體來說是嚴重的問題，正是該由傾力於農業發展的東北登場了。不是由東京等大城市主導，而是從農村、從地方找到解決人類面臨的重要課題的方法，然後向世界發送開去——由此也能開闢秋田的新未來。

青年要經常思考『甚麼問題令大家感到困擾』、『為了地域繁榮該做些甚麼』，用靈活的想法找出解決辦法。如果認為不可能，那就甚麼都改變不了。決心一定要想辦法試試幹，不斷地思索，一次又一次地挑戰——有這種鍥而不捨地摸索的熱情才能改變時代。這是青年的使命。」

他用託付未來的心情繼續說：「東北、北海道是稻米產地，廣為人知，但過去認為在寒冷地帶很難種植水稻。因為長時間不斷地改良品種，拚命努力，才有今天。

多明尼加會員中有人用米試做日本『米花糖』那樣的點心，不斷想方設法，終於成功了。

譬如秋田的話，思考『如何活用這些雪』也很重要。如果能好好利用，秋田會有很大的變化。要奮力向一個又一個課題挑戰，只有用勝敗在此一舉的氣魄才能打開未來的突破口。」

定下「非打開局面不可」這一念，就會無限地擴大自身的可能性，而且能打開新的大門。

伸一繼續說：「若想要完成甚麼，改革甚麼，必然有厚厚的障壁擋在前方，會碰到矛盾。不，現實就充滿矛盾。然而，就只有每天聰明地、堅韌地在這挑戰中勇往直前。況且世界廣宣流布是前所未有的新航路，是在困難重重之中進行建設。要以沒有誰可以依賴的決心一人奮起！

人人也要成為『山本伸一』。大家有這種自覺，二十一世紀就會成為充滿希望的世紀。讓明天的縣青年部總會成為揚帆起航的總會吧。」

在第二天（十四日）的《聖教新聞》第二、三版，醒目的跨頁大標題：「秋田『冬必為春』光榮之友風雪之舞」躍然紙上。兩版都用全版各刊登一張昨日的紀念照。

十四日，雪一直下得很猛，氣溫整天都在零度以下。伸一在秋田文化會館接連吟詠和歌贈給廣布功臣，還題寫支部證。日復一日全力度過每一瞬間，人生才會發放金光。

代。

他又鼓勵前來會館的擔任過仙北郡太田地域第一任地區部長的小松田城亮和妻子美

「祝願你們健康長壽。你們精神奕奕，就是大家的驕傲。請好好守護同志。」

然後伸一去會館前面的公園，園內一角有當地山王支部等的會員建造的「雪屋」。

小正月（舊曆一月十五日）時用雪建造小屋，叫「雪屋」，這是橫手等地的傳統活動。

他書寫鼓勵字句時看見窗外的會員在紛紛揚揚的雪中認真建造「雪屋」。同志要讓他看看秋田冬天的風景詩，勁頭十足地勞作，那種可貴溫馨的關懷打動他的心。他也要以真心來回報他們的真心。

伸一滿懷感謝之情立刻在小紙板上書寫和歌贈給認真建造「雪屋」的同志。

友人歡天喜地　造雪屋

秋田高奏　春之曲

伸一和峯子一起來參觀「雪屋」。

「打擾啦。」

裏面有四張半榻榻米大小，鋪了絨毯，還點着蠟燭。

伸一對陪同的人說：「小時候就想鑽進『雪屋』，真高興實現了夢想。」

當兩人品嘗着會員精心製造的甜酒時，外面傳來可愛的歌聲。

大雪隆咚　小雪隆咚……

是當地的少年少女部合唱團。

「謝謝！」

伸一和大家握手，一起拍照。還接連和初中部員、從岩手縣趕來的女子部員合影。又讚揚建造「雪屋」的同志，命名為「雪屋組」。想方設法把一瞬間的相遇也變成發心的起步，這就是鼓勵的精神。

在學會裏被稱作「日本海之雄」、「東北之雄」的秋田現正向未來展翅飛翔。一月十四日晚，雪花飛揚，縣內一千五百名代表興高采烈地集合在伸一所在的秋田文化會館，舉行了第一屆縣青年部總會。

會上宣佈九月在秋田召開第一屆世界農村青年會議，並在明年五月利用戶外會場舉辦友好體育節等。

他們又採納伸一的提議，把此口全體與會者命名為「二〇〇一年第一期會」，以二〇〇一年五月三日為目標前進。

一個又一個的發表令大家心潮澎湃。人人張開希望的翅膀，決意一新。

傍晚，伸一先去看望到秋田之後走訪的第五位廣布功臣家，然後出席總會。

伸一到達會場後，首先祝賀「二〇〇一年第一期會」的結成，分別和女子部、男子部的與會者分兩次拍紀念合照，然後以託付未來一切的心情對着麥克風說：

「怎樣善用時間是人生的重要課題。有人說：『如何度過工作完結束後的晚上六點到八點的時間，將決定人生的成功與否。』

努力工作是理所當然的，但上班時間後能否活用於作為自己信條的活動，人生必定會產生顯著的差別。這個時間對於我們來說就是學會活動的時間。

那是為了自他共同永遠幸福與繁榮的行動，是貢獻社區的道路，也是構築全世界不崩潰的和平道路。當中有人生的歡喜，會發現活着的意義，也是打破現代社會的孤獨牢殼，聯結人心的奮鬥。

我們絕不脫離學會活動的軌道，要一生奮戰到底！」

伸一的話越發激昂。

「下一代的廣布就只有全部託付給你們青年部。今後十年是迎來巨大變化的時代，所以要用心『學習』、好好『努力』，鍛鍊自己。

特別是要徹底掌握教學這個生存的哲學。獲稱為一流的人必定付出這份努力，比他人付出多幾倍的辛勞，不斷研究。現在你們也要作為庶民哲學家、民眾指導者去修行作為一切根本的偉大佛法，深入學習。這就是人生勝利的王道。」

此時，要在二十一世紀歡呼勝利的誓願種子切實地播種在秋田以及東北的青年心中。

只要青年氣勢磅礴地躍上廣宣流布的舞台，那麼，不論時代如何變遷，創價大河的水流一定高漲，流向悠久的未來。

伸一在心裏吶喊：「青年啊，學會交給你們了，廣布交給你們了，世界交給你們了，二十一世紀交給你們了！」

作家山本周五郎寫道：「無論在怎樣的暴風雪中，該成長的東西定會成長。」（《來自山本周五郎的信》，土岐雄三編）

伸一相信，集合在這裏的青年將作為新世紀的領導奮起，在社會上擴大友情與信賴的網絡，形成重重肩負廣布的人才陣容！

日蓮大聖人教導：「物種者，其數雖一，植之則多焉。」（〈衣布及單衣書〉，御書一〇〇六頁）

伸一把發心的種子、誓願的種子、勇氣的種子不斷地播撒在年輕的心田。這是傾注全力的辛勤奮鬥，但不做的話就沒有希望的未來。竭力培育人，就會盛開一片人華的花園。

第二天（十五日），伸一和秋田、大分的代表一起舉行勤行會，紀念兩縣的友好交流，然後離開了秋田文化會館。

前往機場途中，他要求途經和平行動展的會場秋田會館。

他乘坐的巴士駛近會館前面，看見幾十個青年拉着橫額等待着他。「先生，謝謝您！」的紅色文字映入眼簾。伸一露出笑容，用力揮手。

大家紛紛呼喊。

「謝謝您！」

「秋田會努力！」

「請您再來！」

青年也一直揮着手。雖然是剎那間隔着車窗的交流，但這是心和心的對話，變成了一幅永遠難忘的名畫。

他想，在秋田的這六天也將作為反攻的一頁，在廣布史上燦爛地發放光輝。

山本伸一馬不停蹄，於秋田指導之後的翌月二月七日訪問茨城縣。

茨城也是正信會僧侶卑劣猖獗地攻擊學會的地方。尤其鹿島地域本部不斷拚命地進行攻防戰。鹿島、潮來、牛堀、波崎等地方被惡僧誆騙成為檀徒的會員漸漸增多。僧侶又在每月的御書講授、葬禮等法事上沒完沒了地辱罵學會。儘管如此，同志仍然盡量忍耐。

一九七九年二月，學會捐建的寺院在鹿島地域的神栖落成。同志懷抱希望，以為在這個寺院能聽到清純信心的教導。然而在落成慶祝入佛儀式上，新任住持竟然一直誣衊學會是謗法團體。會員祈願廣宣流布、僧俗和合的赤誠被踐踏。龍崎、築波山南部的地域（後來的築波市）等，對學會的非難中傷也越來越激烈。

對於同志來說，最遺憾的是直到日前還互相說要一起為廣布努力的同志，不明白自己被惡僧利用，擾亂信心，簡直變了另一個人。

「正邪總會分明！」「一定要彰顯學會的正義！」同志這樣立誓，為廣布奔走，要把「春天」迎回故鄉來。這時大家不斷歌唱伸一於一九七八年十月作詞的縣歌《凱歌人生》。

你啊　艱辛也終將過去
廣宣流布的金風
歡喜的凱歌
勝利的吼聲沖雲霄
啊　茨城有勇士

一段一段的歌詞強烈地傳達伸一的心意。「要成為勇士！豈能屈服！」大家的心中湧現起決意。

一九八二年二月七日下午，伸一視察了水戶婦人會館，之後訪問水戶市內的茨城文化會館，出席祝賀該會館落成的縣代表會議。

會上他談到自己的心願：「今次訪問要盡量多見見同志，明示希望的目標，一起向新世紀出發。」

第二天（八日），伸一出席茨城文化會館落成紀念縣幹部會。他在這裏談及有些人身為學會幹部卻退轉的根本原因。

「那些信心被腐蝕的人的共同之處是強烈的慢心。可以說這就是最大的原因。

其實，慢心和怯懦、怠惰表裏一體。因此，出現慢心的人對廣布不負責任，逃避新的挑戰和勞苦，所以不會有進步，不會有成長。結果，信心停滯，心被利己主義所支配，滿肚子怨憤。這就會變成破壞廣宣流布的行動，這樣的情況為數不少。

另外，出現慢心的人都會懶於勤行。被傲慢毒害，輕視信心的基本。

也有人年紀輕輕就成為幹部，站在領導人的立場上誤以為自己能力出眾，變得傲慢，蔑視周圍的人。然而，並非有職責就了不起。辛辛苦苦地完成其使命和責任的人，才是優秀的人才。

不要忘記，役職只是一個名稱，大家都有使命。各種立場的人團結起來，一起努力，才能推進廣宣流布。役職絕對不是表示人際關係的上下之分。

在這三十多年裏，我見過很多學會員。從結果來說，使策略的人不會長久持續，鑽營取巧的人必定走進死胡同，貪圖名利的人終會被惡緣所牽動。

總之，求道的人、踏實地貫徹信心的人、牢牢地鞏固生活基礎的人，最終會成為人生的勝利者。」

伸一也於九日出席紀念茨城文化會館落成勤行會，鼓勵從水戶、鹿島、常陸來到的二千名同志。

他說：「佛的別名是『世雄』，是指在世間勇猛地引導民眾的人。因此，我們作為本佛日蓮大聖人的門下，必須要成為在現實社會的洶湧大海上贏得信任的有能力的領導。

另外，佛又名『能忍』，是指在五濁惡世的娑婆世界，即於忍土出現，頑強地忍受惡、對他人慈悲的人。想到大聖人的大難，我們的難是微不足道的。信心是忍耐。如果是大聖人的門下，就要立足於無論發生甚麼也紋絲不動的信心。要挑戰現實的暴風雨，堅忍不拔地高舉人生勝利的旗幟。」

十日，伸一前往日立市，出席日立會館落成五週年紀念勤行會。

會上，伸一這樣提議：「據說水戶藩第二代藩主德川光圀看見這一帶的海上升起朝陽的景象，讚嘆是藩內最好的眺望之地，所以稱之為『日立』。那麼，我們也把組織的名稱由『常陸圈』改為『日立圈』，大家認為如何？」

人人大歡喜，報以贊同的熱烈掌聲。

十一日，伸一和參加在茨城文化會館盛大舉行的縣青年部總會的三千五百人，在院內的旭日庭園拍紀念照。然後為這些會員結成「茨城男子二〇〇〇年會」和「茨城女子二〇〇〇年會」。

同日，他又第一次訪問鹿島會館。鹿島曾遭受宗門事件的風暴吹襲。在這裏嚴肅地舉行紀念第二代會長戶田城聖誕辰勤行會，並出席鉾田的鹿島地域本部代表會議。

第二天（十二日），伸一經石岡前往土浦文化會館，出席紀念開館三週年的勤行會，也和場外的參加者拍照留念，珍惜點滴的時間不斷鼓勵會員。

伸一不停地迅跑。讚揚、鼓勵忍耐權力袈裟的迫害，於廣宣流布的王道上徹底邁進的創價勇者，為了轟鳴師弟共戰的勝利歡呼，到全國各地去探訪尊貴的佛子。

同志勝利了，又跨越了另一座考驗的山峰。愉快的凱歌響徹希望的長空。

誓願

新時代的大門是由青年打開。只有年輕的英才陸續成長，充份地發揮力量，國家、社會和團體才可以持續發展。因此，山本伸一總是傾注全力地將焦點放在培育青年上。

青年能作為廣布後繼得到大成的首要條件是，對信心擁有不動搖的確信，並且自覺地涌的深遠使命，磨練自己，陶冶人格。所以要有挑戰心、忍耐力、責任感等，作為人追求自身的成長是極為重要的。為此伸一提供一個平台，建議各地域和縣以青年為中心舉辦文化節。

文化節是展現因信仰而得到的生命躍動和歡喜的歌頌民眾的舞台，又是藉由信賴和友情產生的團結之美與力所構成的人類共和的縮影，也是表明對廣宣流布即世界和平誓言的希望盛典。

關西成為創價學會向着二十一世紀飛翔的文化節的先驅。

一九八二年三月二十二日，在大阪的長居田徑運動場舉行了第一屆關西青年和平文化節。

關西有「雨中關西文化節」的歷史，那是一九六六年在阪神甲子園棒球場舉行的，令全國、全世界大為感動。當時按照中國周恩來總理的指示而研究創價學會的總理親信也觀看了這次文化節的紀錄片。擔任過總理和伸一會見的翻譯的林麗韞也是其中一人。

她說：「看見年輕人渾身是泥、充滿幹勁地表演，覺得非常精彩。」「切實感受到創價學會是以大眾為基礎的團體。深深認識到創價學會是中日友好的重要團體。」

關西青年部懷着強盛的挑戰氣魄，要讓這次的文化節超越「雨中關西文化節」，成為充滿藝術性和學會精神的感動舞台。

這次文化節前一年的一九八一年十一月，伸一前往大阪出席第三屆關西總會時，關西的青年對他說：

「明年三月舉辦的關西和平文化節，要成為向全世界展示『學會在此，創價師弟長存』的舞台！」

「十萬名青年等待您的光臨！」

伸一感受到猶如燃燒的太陽般的午輕熱情。

文化節預定於三月二十一日、二十二日舉行兩天，但二十一日因大雨中止。當天來到大阪的伸一趕往出席工作人員會議，鼓勵沮喪的青年們。

文化節上關西青年們要挑戰難度極高的六層圓塔。前一年四月，江東區男子部在東京平民區的會員舉辦的東京家庭友好總會上，成功地築起六層塔，但這次還是第一次在文化節上挑戰。

伸一聽了報告，這樣鼓勵：「今天中止了，一定覺得很遺憾，但要連續兩天進行六層圓塔這樣難度極高的表演，實在太嚴苛了，也容易發生意外，下雨反倒是好事。我期待着明天的表演。」

安全、不出意外是文化節的鐵則。發生意外就無法挽回。關西青年深刻體認到這一點，決定向六層圓塔挑戰後，決心要絕對無意外，為了不發生意外而動腦筋，不斷研究安全措施，人人認真唱題。

表演者也預先找那些有體操比賽等經驗的人指導，從徹底訓練基本體力開始。一天一天持續跑步、做俯臥撐以及強化腰腿和軀幹的運動。

在室外的場地練習時，附近的壯年、婦人部主動撿拾玻璃碎片、小石子，認真打掃，以免表演者受傷。

佛法講道理。如御書的「早有警戒」（〈覆四條金吾書〉，御書一一二三九頁）所示，有周全的準備，一切才會成功。

在「常勝關西」，滿目是清爽的希望晴空。二十二日下午一點半，關西青年和平文化節由一萬名新入會青年的和平行進拉開帷幕。

追求光榮的青春和真實的人生、走上創價之路的新入會年輕人昂首闊步行進。他們那自豪的姿態，讓那些在宗門事件的逆風中拚命和他們進行佛法對話，取得弘教成果的同志心情激動。

新力量才是開闢新未來的動力。

聯合國旗、創價學會和平旗入場後，二千人的混聲合唱團高唱《青年啊，攀登二十一世紀廣布之山》。這是由山本伸一贈給青年的長詩譜曲而成的合唱曲。運動場上擠滿了身穿純白連衣裙的女子部。她們翩翩跳起芭蕾舞。

和平天使鼓笛隊的步操、高中部的韻律操、女子部的舞蹈、穿上和服的學生部凜然起舞，由音樂、人文字[11]和旁述編成的「關西創價學會三十年發展」、初中部和少年部的體操、女子部的芭蕾舞、音樂隊的步操、日式「常勝大鼓」的演出，華麗而雄壯的表演一個接一個地上演。

終於到了男子部的體操表演。

「啊——」四千名男子部發出雄壯的吼聲衝進運動場。

11　人文字：用人手拼砌文字的特別效果。

隨着《紅之歌》、《挑戰原野》等學會歌的旋律，接連變換花式，人浪起伏，人如火箭飛來飛去，接着疊起了八個五層圓塔。

然後，在中央開始疊六層圓塔。

第一層六十人，第二層二十人，第三層十人，第四層五人，第五層三人，第六層一人——第一層站立着，之後肩上相繼登上三十九人。如果第一層搖晃，就不能支撐上層。

第二層登上去後稍微彎下腰組成圓圈。

然後第三層、第四層……依次登上去，用同樣的姿勢等待第六層登上。

「起！」

向極限挑戰的戲劇開始了。大家擁有通過鍛鍊培養出來的自信。

六層圓塔第二層的成員肩上乘着十九人，開始挺直腰板。他們的腳牢牢踩着第一層同志的肩膊。若不挺直腰板，上層的人就會失去平衡掉下來，他們咬緊牙關站起來。

接着，第三層、第四層接連站立。大家的身體都微微顫抖。

攝影用的直升飛機在頭上盤旋。

啪啪啪啪啪……。

直升飛機掀動氣流產生的風速出乎意料地猛烈，使圓塔搖晃。周圍的成員在心裏唱題。不久直升飛機飛遠了。

第五層站起來。音樂隊敲響的鼓聲震響。第六層的最後一個成員想要站起來，可是又彎下腰去。他手扶着腳下青年的肩膀，再一次調整姿勢。觀眾屏住呼吸，一齊望着圓塔的頂上。

「站起來！要相信我們，站起來！」

支撐他的青年們在心裏呼喊。

「加油！」

觀眾席上發出聲音。

站在最上層的青年深呼吸，仰望天空，然後一下子站起來。他張開雙臂。

雷霆般的歡呼聲和掌聲響徹長居田徑運動場的上空。看台上的會員立即展示出鮮明的「關西魂」三字。

伸一也熱烈鼓掌。

青年在圓塔頂尖叫喊着甚麼。

「弘治，成功了！」

雖然被震耳欲聾的歡呼聲淹沒，完全聽不見，但那是靈魂的吶喊。青年叫菊田弘幸，弘治是他的好友男子部員上野弘治，五天前去世。

二人同在水道工程的公司工作，上野也預定參加青年和平文化節的體操表演，但三月十七日因病去世。菊田帶着好友的心願挑戰這次的演出。

青年們築起的六層圓塔也是永不崩塌的美好友情金字塔。

三月六日，努力練習體操花式的上野弘治覺得不舒服，被送到急救醫院。一度回了家，但出現意識障礙再度入院。在意識模糊中反覆說：「好友要站在六層塔的最頂層……。」

不久上野進入昏迷狀態，要轉送到急救中心。菊田也趕來，把他抱上擔架床。

這時上野聲音很微弱，但清晰地說：「要把不可能變為可能！」

這成了上野最後的話。

他被診斷為原發性蛛網膜下出血，十三日停止呼吸，用人工呼吸又活多四天，迎來三月十六日「廣宣流布紀念日」。第二天（十七日）下午安詳地離世。枕邊的衣架上掛着他預定在文化節穿的藍色運動服。

菊田在友人靈前發誓：「弘治！我會為了你而加倍努力的！」

十八日菊田懷揣上野的照片去練習會場——位於交野的創價女子學園（同年四月改

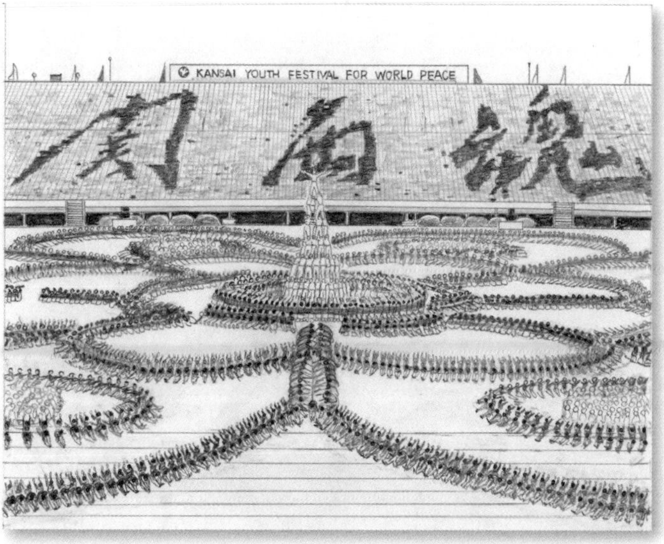
KANSAI YOUTH FESTIVAL FOR WORLD PEACE

稱關西創價學園）體育館。這之前未曾成功建起六層圓塔，但這天第一次完成了難度最高的六層圓塔。

這天不僅在學園的成員，其他場地練習的體操花式的成員都聽說了上野去世和他的不屈氣概，以及「要把不可能變為可能！」這可說是遺言的話。四千名年輕人的心凝聚在一起，熊熊燃燒。

菊田把上野最後的話烙印在心，挑戰自身力量的界限，確實完成了把不可能變為可能的精彩表演。

上野獲創價學會授予男子部本部長的名譽稱號。

他母親感慨地說：「這孩子初中二年級時患上紫斑病在生死邊緣徘徊，現在切實感到自那時起獲御本尊延長了壽命。」

他的妻子給山本伸一的信裏這樣寫道：「跟宿命搏鬥的丈夫，去世時臉像孩子一樣純粹美麗。他讓我們能夠接受他的離去。他拚命活到底，告訴我們信心就是這樣的，跟宿命搏鬥就是這樣的。」

關西青年和平文化節表演者簽名表示決心時，大家希望也留下弘治的名字，她代替丈夫提寫。

「我的人生只有廣宣流布！上野弘治　名譽本部長」——如此寫下了丈夫的心志。

伸一接到報告，給上野獻上追善的祈求和題目，祈念夫人也像去世丈夫一樣畢生貫徹廣宣流布，度過幸福的人生。

文化節上表演的會員很多都是最怕訓練和集體行動的年輕人，而且還忙於工作或學業。他們都要和氣餒的心搏鬥，和時間戰鬥。在這種情況下認真唱題，以信心為根本不斷挑戰自己，互相鼓勵「不要屈服」。

每個人的人間革命奮戰產生了無數的友情。青年通過文化節學習到迎戰困難的學會精神，把它體現在自己的生存方式上。就是說，這裏繼承了超越不可能的障壁的不屈不撓的「關西精神」。

關西精神是從哪裏產生的呢？

「要從大阪驅除貧困和疾病，讓人人都幸福！」這就是戶田城聖的心願。

為實現這個願望，戶田把弟子山本伸一作為自己的代理派到關西。伸一領會師匠之心，指揮廣宣流布，馳騁關西。一九五六年五月，大阪支部一個月達成弘教一萬一千一百一十一戶，奏響了民眾凱歌的序曲。

同年七月參議院議員選舉時，學會首次推薦候選人，伸一擔任大阪區支援活動的最高負責人，漂亮地贏得勝利。那是一場推翻了「不可能當選」的預測，報紙上報道為《實現了「不可能」》的戲劇性大勝利。

翌年一九五七年七月三日，伸一被逮捕，因這一年四月舉行的參議院大阪區補選被扣上違反選舉法這毫無事實根據的罪名。這就是「大阪事件」，是橫暴的權力害怕民眾勢力崛起而施行的鎮壓，同志怒不可遏。

七月十七日，聲討大阪府警察及大阪地方檢察的大阪大會在中之島的大阪市中央公會堂召開，場外也人山人海。中途下起大雨來，閃電劃破天空。外面的人淋着雨，側耳傾聽特設的擴音器傳出的聲音。也有背着小孩的婦人，但誰也沒回去。

「為甚麼逮捕無辜的山本室長！室長為民眾的幸福奔波，給我們點亮勇敢的燈火，我們絕不容許權力的魔性迫害他。」

正義的火焰在同志的心中熊熊燃燒。那內心深處銘刻着「常勝」的信誓，覺醒的民眾開始大行進。

那時候在父母背上的孩子如今也成長為英勇的青年，在青年和平文化節的大舞台上竭力演出，用盡全身來展現民眾的凱歌，表達歡喜與和平。

青年完成工作或學習之後急急忙忙趕到練習會場，他們充滿不屈的精神，努力練習。草創年代的壯年和婦人每天前來支援，對帶來的孫子說：

「你們要好好看一看，那種拚命努力的態度就是關西精神！就是學會精神！」

後繼的年輕師子出色地成長，接過關西精神的接力棒，草創同志為之感到欣慰和驕傲。

投身到大阪的庶民當中，發誓「消除地球上的悲慘，讓人人幸福」此戶田城聖的一念，就是「和平之心」。

伸一胸懷戶田的這顆心，為實現和平，傾注全部精力奔走。

而關西同志和伸一共同奮戰，不向權力的鎮壓低頭，譜寫了民眾幸福與復蘇的歷史。在繼承「關西精神」、「學會精神」中也傳承了「和平之心」。

關西青年和平文化節到了發表《和平宣言》。關西青年部長大石正志對着麥克風強而有力地呼籲：「全關西十萬山本門下的同志們！」宣讀對和平的誓願。

「第一、我們立誓，將日蓮大聖人的佛法廣泛地提升為時代精神、世界精神，遵照

『生命尊嚴、人本和平主義』的理念，展開立正安國的恆久和平運動。

第二、戶田城聖第二代會長發表《禁止原子彈氫彈宣言》歷經二十五年，如今這堅定的信念由山本第三代會長繼承，形成了世界潮流，喚起民眾的共鳴。我們要把這發自佛法實踐者深邃信念的和平行動，進一步於二十一世紀提升，不斷地宣揚此宣言的透徹理念，以期實現廢除核武器。

第三、建設恆久和平的生命線取決於民眾和民眾的團結。我們立誓，廣結希求世界和平的青年力量，形成守護《聯合國憲章》精神的新時代的國際輿論，將二十一世紀變成人類希求的重視生命與和平的世紀。」

運動場內座無虛席，全體與會者用贊同的熱烈掌聲通過了《和平宣言》。

和平運動需要有支撐運動的堅定哲學。佛法教說萬人具備「佛」生命，也就是說每個人都無比尊貴，任何人都有幸福地生存的權利。

創價學會的和平運動是在人們心中樹立佛法的尊重生命思想，像《聯合國教科文組織憲章》所主張的，以「於人之思想中築起保衛和平之屏障」為基調。

《法華經》的精髓——日蓮佛法，明示了顯現人內在的「佛」生命、滅惡心而生善心，以及如何確立自他共同幸福的途徑。學會員每天實踐此教導，人人致力於人間革命，轉換苦惱的宿命，同時作為社會建設的主導者，生氣勃勃地擴大尊重生命、捍衛生命尊嚴哲理的網絡。

和平不只是指沒有戰爭的狀態。地球上所有人從核武器、飢餓、貧困、歧視等威脅人類的一切恐懼、不安中解放，能切實感受活着的喜悅與幸福，才是真正的和平。創價學會員正展現着此種歡喜與幸福的人生實相。

接着，關西總合長十和田光一在講話中發表決意，以這次青年和平文化節為新的出發，邁向「沒有核武器的世界」、「沒有悲慘戰爭的世界」，為和平貢獻。然後宣讀了舉辦文化節之際收到的聯合國秘書長德奎利亞爾給ＳＧＩ會長伸一的賀電。

「知道像創價學會這樣的日本ＮＧＯ（非政府組織）為推進世界和平與裁軍作出貢獻，大大鼓舞了我們的勇氣。」「我對ＳＧＩ會長及創價學會為使世界各國人民和政府更廣泛地了解軍備競賽的危險性所作的努力，深表感謝。」

即使在聯合國，國家層面的討論也往往只是把確保自國的利益放在最優先的位置，而現實上裁軍和廢除核武器的積極談判卻未見進展。為打破這道牆壁，擴大冀望沒有戰爭的民眾網絡，強而有力地掀起時代變革的浪潮，就是ＮＧＯ的存在價值。

創價學會於前一年的一九八一年正式登記為聯合國難民事務高級專員公署（ＵＮＨＣＲ）

和聯合國信息中心的NGO。SGI成立七週年的一九八二年一月二十六日，設立了創價學會和平委員會，着手展開正式的和平運動。

佛法是為了守護人類而有，所以捍衛和平是信仰佛法者的使命。

之後，長崎市本島等市長、廣島市荒木武市長代表五千五百位來賓講話。

本島市長大力讚揚自一九五七年第二代會長戶田城聖發表《禁止原子彈氫彈宣言》以來，學會出版原爆倖存者的證言集與徵集廢除核武器簽名等長年對建設和平的努力。進而，他談到山本伸一一直希望世界和平與人類幸福，並和蘇聯的柯西金總理、美國的基辛格博士、中國的周恩來總理等世界領導人不斷對話，正是實現和平的關鍵。

他繼續說：「我要和大家一同發誓，永遠不讓第三顆原子彈投放到地球上的任何地方——長崎必須是世界上最後遭受原爆的地方。」「希望大家在日本各地站在和平運動的最前線奮鬥！」

然後，荒木市長談到山本伸一的主張：「日本是世界上唯一於戰爭中遭受原子彈轟炸的國家，擁有成為廢除核武器的世界先驅的使命。」他指出這正是提倡「廣島、長崎精神」世界化，明示以「廣島、長崎的和平之心」為己心的實踐哲理。

進而荒木市長強調：「發現在彼此之心深處閃亮的善性，在民眾與民眾堅強的團結下，通過心和心的交流，才能孕育和培養出人類期盼的世界恆久和平。」他指出，從這一意義上，對於創價學會青年部的和平活動與為了文化發展所作出的努力，要送上熱烈的讚賞和掌聲。

會長秋月英介講話之後，山本伸一拿起麥克風。他對表演者和來賓深表謝意，並談到對和平的想法。

「和平是人類的願望。我們創價學會以正法正義為根本，一心一意地向和平勇往直前。今後也必須堅定地邁進。

即使有各種各樣的中傷、攻擊，也要將之跨越，作為實現最重大的、人類願望已久的和平大河的一滴河水，我們也必須前進。各位青年，今後靠你們了！」

伸一期待大家努力在各自職場、各自地域大大地作出貢獻，呼籲：「請大家使創價學會更受人愛戴！使創價學會更受人信賴！」

伸一贈給關西青年一首和歌。

天晴地晴大關西
和平勇士十萬人
譜寫新歷史

第一屆關西青年和平文化節成為一輪旭日，宣告以民眾為基礎的和平新黎明，在感動之中閉幕。

法主日顯也以來賓身份出席。文化節之後過了兩天，宗門聯絡伸一要立即前往總本山。伸一調整了訪問京都、滋賀的計劃，和秋月一同前往。那是三月二十五日。

等待着的是修羅般面貌猙獰的日顯。他趾高氣揚地說：「文化節之際，青年在《和平宣言》裏說甚麼『將日蓮大聖人的佛法廣泛提高到時代精神、世界精神』，『提高』本來就優勝的東西，這句話是何等傲慢！」

簡直是在抓人話柄。任誰的耳朵也聽得明白，本意是廣布與和平的誓言，要把佛法廣泛變為時代、世界的精神。歪曲的心鏡映照的一切，全都是歪曲的。

日顯也就伸一在關西青年和平文化節上的講話說：「你把我叫作『日顯上人猊下』，為甚麼不叫『法主上人』！」

觀看了感動人心的文化節，不僅不慰勞青年，反而為了說這種事特地把伸一他們叫來。不知是出於極深的妒忌，還是暴露本性，徒然誇示自己的權威似的亂擺威風的樣子，只是令人驚訝到極點罷了。

然而，伸一絲毫沒有改變「為了廣宣流布，僧俗要和合前進」此態度。

「現在正是創建嶄新和平與文化的時候！」

四月二十九日紀念中部廣布三十週年，七萬名青年在岐阜縣營運動場盛大地舉行第一屆中部青年和平文化節。一片晴空，推翻了「陰天轉雨」的天氣預報。

聯合國旗、創價學會和平旗、中部創價學會旗入場、升旗後，文化節開幕。華麗的青春舞蹈、躍動和歡喜的樂曲、熱情與力量的團結的表演，展開一幅人類共和的大畫卷。聯合國信息中心的小田信昭副所長也有出席，代表來賓講話。

「通過今天的文化節，強烈地感受到和平不是在甚麼遙遠的地方，而是在這大地上，在我們周圍建設出來的。這正符合ＳＧＩ會長支持聯合國的精神，令我大為感動。」

他還提及到這一年將召開聯合國裁軍特別大會，青年和平文化節在這時候舉辦正顯示了對聯合國的莫大期待。

「團結才能達到勝利」（《布萊希特／波赫斯》，布萊希特、波赫斯著）——這是德國劇作家、詩人布萊希特的話。為實現和平這一宏大理想，必須集結青年的熱情和力量。

最後發言的山本伸一讚揚這是一個「展現和平的光輝、聲響與力量的文化節」，由衷地感謝岐阜、愛知的縣知事等來賓，然後簡潔地說：

「人生要過得有意義、充實，關鍵是經常返回根本，思考該走的路。要探究『人生應該怎樣度過？』、『人生的目的是甚麼？』，還有『實現和平的原理是甚麼？』等，就是說，有哲學的基根很重要。我想說，每天和眾多朋友談論這些問題，共同實踐，正向着和平的理想前進的，就是我們創價學會。」

掌聲轟鳴，在岐阜城聳立的金華山迴響。

他繼續說：「自古以來，有力的宗教總是會遇到無端的中傷、攻擊。但是我們以生命的世紀、恆久和平為目標，請大家無論遇到怎樣的困難也勇敢地跨越它，威風凜凜地向着二十一世紀前進。

而且大家要在各職場、學校、家庭、社區成為受人信賴的人。因為這是證明佛法的偉大，關係到開啟和平之路。」

就像等待着青年和平文化節結束一樣，雨就下起來。

伸一看着活躍的青年，確信中部已建成牢固的創價「黃金城」。在位於東京、關西中間的中部構築起堅不可摧的廣宣流布堅壘，是恩師戶田城聖和他的「師弟誓願」。伸一年輕時曾獻給恩師的一首和歌。

毅然奮起
　毅然建設黃金城
　　中部堅壘
　　　勇敢男子漢

戶田即時吟了一首。

毅然出征
　佛軍無所畏
　　期待建起
　　　中部之堅壘

師弟的誓願圓滿地實現了。這是刻下大勝利歷史的文化節。

九月十八日、十九日的兩天，第二屆世界和平文化節以「和平復興」為主題，在埼玉縣所澤市的西武獅子球場盛大舉行。

前一年六月，在美國芝加哥市郊外的羅斯蒙特體育館舉行了第一屆世界和平文化節。一年零三個月後，今次合計世界三十七個國家和三個地區的三千名ＳＧＩ代表，共四萬名青年於傍晚齊集在室外球場舉行第二屆世界和平文化節。

山本伸一出席十九日的文化節。

當天包括一萬二千名來自各界的嘉賓，共有三萬名觀眾。利用燈光與音響效果，文化節成為一個世界和平讚歌和誓願的盛典。

此日從早晨就斷斷續續地下着雨，時強時弱。

過了下午四點半，距離開會還有一小時，身穿西裝的伸一走到煙雨濛濛的運動場。他要從心底向拼砌人文字等的青年道謝。

雨下個不停，他也不撐傘，開始繞場一周。看台上歡聲震天。他向大家揮手，一次又一次停下來深深鞠躬。

伸一接過工作人員遞過來的麥克風，對大家說：「各位實在辛苦了！請大家要想辦法別患感冒。……非常感謝大家！」

話裏絲毫不做作，就像父親擔心可愛的孩子而說一般。

世界和平文化節的成功當然很重要。因為大家從幾個月前以這一天為目標，梅雨天也好，炎暑天也好，都努力地練習。人人也一直認真祈求，希望無論如何也要成功。

然而，對伸一來說，更重要的是青年不要生病，絕不要發生意外。因為他們是創價之寶、可貴的後繼，將成為世界和平的旗手。

世界和平文化節上也有女初中、高中部員表演洋溢希望的節奏舞，題為「閃閃發亮的雙眸」。男初中、高中部員的團體操「展翅」躍動着朝向未來生氣勃勃的力量。男子部在運動場上拼砌出「和平之波」的文字，寄託建設恆久和平的誓言。

少年少女部員以玩耍大氣球的節奏舞來展現向無邊無際的未來的澎湃夢想。女子部的火把舞，點燃的火焰由一人傳三人、再傳至五人地燃點開來，最後成為六百人的美麗「和平之光」。

海外會員的巡遊，當中一直為漁業專屬水域糾紛的愛爾蘭和英國的同志也滿面笑容地一起歌唱、行進。

大家在唱ＳＧＩ之歌《March Toward The Twenty-first Century》。

The road that we travel is long,
but with hope in our hearts we'll go on.
Marching forward to victory
in the twenty-first century.

這次文化節也獲於上個月八月二十四日曾與山本伸一會見的聯合國秘書長德奎利亞爾發來賀電。

「面對分裂與混亂支配國際局勢的困難時代，讓我們指向《聯合國憲章》所包含的理想的決意一新，是最為重要的。人類擁有讓維持和平與促進裁軍成為可能的國際機構——聯合國。然而，這個國際機構也只有在人類認真地運用它，全面努力強化其權威，才能發揮它的作用。

如果不努力，人類就只有束手無策地走向全球毀滅。」

他強調像ＳＧＩ這樣的ＮＧＯ，在推動世界公民對聯合國的支持、促進實現和平與裁軍的目的上將發揮極具意義的作用。他並且堅信，這次文化節將會進一步增進指向此目的的國際趨勢。

伸一決心要更擴展超越國界的民眾和平網絡，更努力去支持聯合國這個人類的議會。

和平文化節不只在關西、中部等區域，還接着在各縣舉辦，作為啟發和平意識的運動而形成一股新潮流。

在一九八二年這年，創價學會在推進實現世界和平的運動上比過往邁出了更大的一步。

青年和平會議、學生和平委員會主辦的青年和平講座、婦女和平委員會（後來的女性和平委員會）也更積極舉行演講，還舉辦了第二屆「女性的太平洋戰爭」展、作為扎根於地域的草根和平運動所舉辦的「沖繩戰與居民」展、「德島縣民與戰爭」展等將焦點放於各地歷史的展覽會。

四月，創價學會青年和平會議和聯合國難民署主辦的「亞洲難民救援募捐」在全國約六百五十個地方進行，青年部和聯合國宣傳中心共同在長崎市和平會館舉行「我們和聯合國」展。

六月七日，第二屆聯合國裁軍特別大會在紐約聯合國總部開幕。創價學會作為NGO派出五十人代表團出席大會，其中三十名為廣島、長崎原爆倖存者，舉辦「傾聽受害者證言的NGO集會」和「反核研討會」。

此外，學會從大會開始的四天前至會期結束為止，在聯合國總部大樓的一般大廳裏與聯合國宣傳局以及廣島市、長崎市協力舉辦「現代世界的核威脅」展（後來的「核武器——現代世界的威脅」展）。

世界的人們不知道核武器實際使用的威脅。日本於戰爭中體驗了核武器的悲慘，造成龐大數量的犧牲者，是唯一遭受原子彈爆炸的國家，其使命就是從地球上廢除核武器。

諾貝爾物理學獎得主愛因斯坦如此表述自己的信念：「假如我們有勇氣下決心，從心底站在和平一邊，我們理應獲得和平。」（《愛因斯坦自選集》，愛因斯坦著）

消滅戰爭的力量就是人的意志力量。

「現代世界的核威脅」展由「廣島、長崎遭受原子彈爆炸的概要」、「現代核武器的實況」、「裁軍與發展」三個部份構成。

「廣島、長崎遭受原子彈爆炸的概要」中展示了兩市遭受轟炸後化為焦土的照片，和廣島原爆圓頂館的模型、燒毀的衣服、溶化的瓦片等三十多件被炸物品。還有展板展示了原子彈若在紐約上空爆炸的影響。

傾聽從實際上遭受爆炸、在痛苦中活過來的人們活生生的聲音，通過影像和物品等直接看到破壞的現實，才能切實地深刻認識到核武器的威脅。為了擴大反戰、反核，重要的是不只是用腦袋理解，還要進一步以全身的感官，作為生命的實感來認識核武器的威脅。

展覽有超過二十萬人到場參觀，其中包括聯合國秘書長德奎利亞爾等聯合國有關人員和NGO有關人員、參加大會的各國大使等外交官，反響巨大。

一位在新澤西州開書店的婦女看過展覽後如喊着般説：

「難以相信人能做出可怕到這種地步的事！令人作嘔。要是在紐約上空引爆一百萬噸的原子彈，我住的地方就完了。絕不能發動核戰爭！」

第二屆聯合國裁軍特別大會通過了「世界裁軍運動」。核威脅展是其中一環，第二年的一九八三年在日內瓦聯合國歐洲本部大會的會場大廳裏舉行。

此後該展覽巡迴印度、加拿大、中國、蘇聯。直到一九八八年第三屆聯合國裁軍特別大會（五月三十一日開幕）為止，包括日本國內七個城市，在世界十六個國家的二十五個城市舉行，共有一百二十萬人參觀，在啟發和平意識上起了很大作用。

此推進力就是ＳＧＩ青年。他們的獻身行動是佛法實踐者的良心表現。

戶田城聖曾對山本伸一說過：

「為了人類和平，重要的是提出『具體』的建議，率先朝向使之實現而付諸『行動』。」「即使不能立刻實現，這也會成為火種，而這和平之火可以燎原。不切實際的理論永遠是虛幻的，而具體的建議會成為實現的支柱，也會成為保衛人類的屋簷。」

伸一一直實踐師匠的這一指針。一九八二年召開第二屆聯合國裁軍特別大會之際發表了《裁軍及廢除核武器倡言》。開會之前的六月三日，創價學會代表團向聯合國秘書長德奎利亞爾遞交了倡言。

其中表述了立足於跨國主義的ＮＧＯ可以肩負實現裁軍的巨大任務，以無核武器國的全體意見，要求有核武器國，特別是美蘇誓約不會首先使用核武器。進而建議以形成全球和平包圍網為目標，成立「創建無核區和平保障聯合國特別委員會」。

伸一在一九七八年五月開幕的第一屆聯合國裁軍特別大會時，也提出核裁軍、廢除核武器等十項倡言。因為決不能忽視使人類滅絕的核威脅。

一九八三年紀念第八屆一．二六「ＳＧＩ日」提出了《和平與裁軍新倡言》。建議盡快實現美蘇最高首腦會談，早日達成協議，凍結現有的核武器。此外還呼籲成立「防止核戰爭中心」、美蘇召開「凍結軍費國際會議」等。

此後他每年在「SGI日」發表紀念倡言，不斷向世界發出呼籲，掀起和平新浪潮。呼聲打動人心，改變社會，改變世界。從發出呼聲開始踏出新的一步。

一九八三年五月，SGI登記為聯合國經濟及社會理事會（ECOSOC）具有諮商地位的NGO。

此外，這年八月八日，擔任SGI會長的山本伸一獲頒「聯合國和平獎」，並在東京澀谷區的國際友好會館（後來的東京國際友好會館）舉行了表彰儀式。

聯合國副秘書長明石康以及聯合國宣傳中心主任埃克斯利等出席。聯合國秘書長德奎利亞爾簽發的感謝狀上這樣說明頒獎的理由：

「為支援《聯合國憲章》的目的及原則，展開廣泛的運動，並且不斷努力促進各國之間的相互理解與友好。」「為緩和國際緊張以及推進裁軍，特別是現今最重要課題的核裁軍，提出建設性倡言。」「在您的領導下，創價學會以及SGI對聯合國的宣傳活動所作出的巨大貢獻，成為加強一般市民支援聯合國目的和理想的、強而有力的援助。」

雖然任重道遠，但要堅持走下去。這種堅韌不拔的行動在世界上擴大了確切的和平波動。只要整個世界都呼喊廢除核武器，時代就必定會改變。

一九八九年，聯合國難民事務高級專員辦事處稱讚伸一長年對救援難民活動的貢獻，授予他「人道獎」。

伸一在致詞時這樣說：「此次的『人道獎』不是授予我一個人，這是創價學會青年部響應學會和平委員會的活動方針，作為佛教徒無私地推進人道活動的結果，也是對我們活動的一個世界性評價。」

創價學會和平運動的源流始自初代會長牧口常三郎對抗以國家神道為精神支柱，發動戰爭的軍政府鎮壓的戰鬥。牧口斷然拒絕軍政府為了統制思想而強迫接受祭祀神符，一九四三年七月和弟子戶田城聖一同被捕入獄。

在戰爭期間的思想統制下，牧口公然拒絕接受軍政府強迫的神符，和國家權力對峙，堅持思想及信教的自由。這簡直是豁出性命的人權鬥爭。實際上，牧口在被捕的第二年，一九四四年十一月十八日在秋霜肅殺的牢房中結束了一生。

思想和信教的自由本來應是人人平等地享有的權利。努力不斷地維護這人權，就是建立和平的基礎。

萬眾皆有「佛性」的佛法思想是人權的根幹。因此實踐此佛法的牧口必須跟把人當作手段的軍政府對決。他的弟子戶田城聖於一九五七年九月八日發表《禁止原子彈氫彈宣言》，把剝奪人的生存權利的核武器視為絕對惡，也是作為佛教徒的必然歸結。

成為創價學會運動之根本的日蓮佛法，視人的生命為最高的價值，不把國家視為絕對。

大聖人說幕府最高當權者是「蕞爾島主」（〈法華行者聖蹟記〉，御書九四四頁），又教導說：「生於王地，身隨心不隨。」（〈撰時抄〉，御書三〇七頁）這是斷言，生在由國主、帝王統治的地方，身體像是在跟隨，但心絕不追隨。這句御文也被收錄於聯合國教科文組織編纂的《語錄．人的權利》之內。

就是說，人並不是隸屬於國家或社會體制，權力的鐵鎖鎖不住人的精神。這是指出人的生命具有超越國家的普遍價值的人權宣言。

當然，國家的作用很大，對國家的貢獻也很重要，因為國家的政策對國民的幸與不幸有很大的影響。但重要的是，國民不是為國家或部份統治者而有，相反，國家是為國民而有。

日蓮大聖人以讓於苦惱中掙扎的民眾獲得幸福為目的。而且不限於日本一國的廣宣流布，而是「一閻浮提廣宣流布」，即以世界廣宣流布這一全人類的幸福與和平為目的。

只要回歸此精神，自然會孕育人類共生共榮和追求人類利益的思想。

世界被美蘇一分為二，於東西兩大陣營對立激化的一九五二年二月，戶田城聖發出「地球民族主義」的吶喊，也是發自佛法的思想。

實踐佛法的創價同志的生存哲學，就是確信人人的生命都是尊貴、平等，大家都有獲得幸福的權利。看見朋友不幸就會生起同苦之心，希望對方幸福起來而予以鼓勵，展開慈悲的行動。擴大這種思想和生存方式的共鳴，就是聯結世界的扎實的草根和平運動。

一九八二年四月，英國和阿根廷就南大西洋福克蘭群島（馬爾維納斯群島）的主權問題發生戰爭。

以福克蘭群島為舞台的戰爭持續，六月中旬阿根廷軍投降，戰爭結束。但兩國恢復邦交是一九九〇年二月。在這場戰爭中兩軍共犧牲了九百多人。

英國和阿根廷的ＳＧＩ理事長等通過在日本舉辦的研修會等互相認識。兩國之間戰火交鋒，人民互相仇視，但兩國ＳＧＩ會員希望和平，為此開始唱題。彼此想着對方國家的同志，拚命祈求戰爭盡快結束。

美國著名的社會活動家埃莉諾・羅斯福說：

「要在這個世界實現和平，首先必須建構人與人之間的理解。這理解會萌芽，使團體與團體之間產生更好的相互理解。」（《這困擾的世界》，埃莉諾．羅斯福著）

和平建基於人與人的信任。

在發生福克蘭（馬爾維納斯）群島戰爭後的第二年一九八三年十一月，英國理事長雷蒙德．戈登在《聖教新聞》上談到當時的情形：

「大多數會員都衷心向御本尊祈求：『希望這場戰爭早日結束』。我也很擔心，並打電話和阿根廷會員（大木田和也理事長）聯繫，他們也和我們同樣盼望和平，為和平唱題祈求。

我得知這一點，痛感雖然兩國相隔很遠，又不幸在政治上處於交戰狀態，但我們對於和平的願望是同樣的。我感覺到這就是留着熱血的、志向和平的團結。」

他祈願祖國英國能夠轉換宿命。

在戰爭持續的一九八二年五月，戈登到日本，和山本伸一一起訪問長崎市和平公園，祈願世界的恒久和平與原子彈爆炸犧牲者的冥福，向祈念和平像獻花。

可說是不幸中的萬幸，戰爭於翌月結束，戰火沒有擴大。

戰爭結束一年後的一九八三年三月，英國ＳＧＩ在倫敦舉辦「世界和平」展，主題是「選擇生命」，呼籲和平。BBC等電視台、電台、報章都予以報道，大力讚揚。

只要在全世界人們的心裏樹立起生命無比尊貴、無可取代的思想，人類就能夠為和平而互相聯結。建設和平也就是樹立這種思想，不斷地擴展共鳴的網絡。

一九八六年三月，英國、阿根廷的會員來到日本，在學會本部舉行聯合研修會。他們是一直共同祈望和平的同志。最初的緊張轉瞬間消失，共同重新立誓：「我們作為和平的戰士要堅持奮鬥，直到從世界上消滅戰爭為止！」

山本伸一認為，深深扎根於民眾，在世界踏實地開展弘揚佛法的和平思想、人本主義思想的廣宣流布運動，才是建構恆久和平牢固基礎的要訣。因為民眾之力、草根之力，正是締造確切的反戰反核輿論、聯結世界的推進力。

另一方面他下定決心，要不斷和各國領導人對話，以聯合國為軸心創造和平的潮流。

他並決心致力於和世界各大學進行教育和文化交流，使肩負未來的學生能更大地締結一重又一重的友情與和平網絡。政治世界往往被時代的激流擺佈，而大學等學術機構具有普遍性、永續性。在一國的最高學府學習的人將成為建設社會下一代的旗手，而且年輕一代的交流將成為聯結全球化世界的新力量。

伸一的行動充滿幹勁。為激勵同志，更走遍日本國內的每個角落，還奔走世界。

一九八三年五月、六月，他訪問了美國和歐洲。

第二年（一九八四年）二月、三月訪問美國和南美。那是相隔十八年再次訪問巴西，拜會了若昂．菲格雷多總統。一九八二年五月，伸一接獲菲格雷多總統寄來邀請他訪問該國的親筆信函。二人的會見於二月二十一日在首都巴西利亞的總統府辦公室進行。

回想起十八年前訪問時，他周圍經常都有政治警察的監視，也有政府官員相信了某些日裔出於對學會的誤解和偏見而散播的「披着宗教外衣的政治團體」等充滿敵意的流言。自那時候，巴西同志展開奮鬥，要在社會上擴展對學會的理解與信賴。招致誤解是一瞬間的事，但是要消除誤解，建立信賴，則要花上幾年、甚至幾十年的時間。

伸一曾預定於一九七四年訪問巴西，但簽證沒有獲批，未能實現。巴西同志認為因為他們力量不足，未能消除社會對學會的誤解而萬分懊悔。大家在心裏深深發誓：「要更加、更加努力對話和為社會作出貢獻，以加深社會眾人對學會的理解，創造讓巴西政府熱烈邀請山本先生來訪的時代。」

不屈的精神在辛酸的泥土中孕育勝利之因。終於在一九八四年二月，實現了伸一訪問巴西，並和菲格雷多總統會見。

席上，總統除了告知同年五月末或六月將初訪日本之外，兩人還就日巴技術合作、民政移交進程、核問題和未來展望等交談。尤其是對於伸一提倡各國首腦進行協商才是邁向世界不戰之路的主張，總統完全贊同。

伸一又在巴西利亞和外長、教育文化部長等會談，和六百名會員拍紀念照。還訪問巴西利亞大學，並出席贈送圖書儀式。

二月二十五日，他到訪第一屆巴西大型文化節進行公開綵排的聖保羅州綜合體育中心的伊比拉普艾拉體育館。伸一在熱烈的歡呼聲中舉起雙手，繞着中央的圓形舞台走了一圈，然後百感交集地拿起麥克風。

「相隔十八年，能夠和各位尊貴的佛子、我的創價之友這樣愉快地見面，我真的很高興！這個偉大的大文化節必將永遠在巴西歷史上，在廣布歷史上璀璨生輝。

至今，大家付出了多少辛勞，如何堅強地勇往直前，締結起多少美麗的心與心的團結。我以擁抱每一個人，和每一個人握手的心情，滿懷感謝，以滿眶的熱淚來稱讚大家。」

全場響起熱烈的掌聲，可說是巴西的勝利歡呼的喝彩聲意氣風發地迴盪着。

「Pique, Pique, Pique, Pique......」

伸一於二十六日出席了以「於二十一世紀大地上高唱和平的讚歌」為主題的巴西大文化節。會上宣讀了菲格雷多總統的賀詞。

菲格雷多總統談到巴西創價學會不斷擴展文化、教育、體育，更推進廢除核武器等邁向世界和平的活動，對和平運動作出廣泛的貢獻，期盼這「尊貴的理想得以實現」。

回想十年前，巴西學會遭受政府投以警戒的目光，伸一為首的日本幹部甚至不獲發入境簽證，令人恍如隔世。這是巴西同志在社會上建立信賴，同時踏實地和各階層的人展開對話的成果，儼然顯示了變毒為藥的實證。

繼巴西之後伸一訪問秘魯，在利馬市的總統府拜會費爾南多．貝朗德．特里總統。他是世界聞名的建築家，一九六三年就任總統，因政變流亡美國。不久歸國，從軍政轉移到民政後，在首次總統選舉中當選。

總統大力讚揚伸一對世界和平、文化、教育的貢獻，並對他頒贈「秘魯太陽大十字勳章」。

此日，伸一還訪問南美歷史最悠久的學府國立聖馬爾科斯大學，並作為該校名譽教授出席贈送圖書儀式。伸一是在一九八一年四月東京創價初中、高中第十四屆開學典禮上榮獲該校的名譽教授學位。

當時校長一行為了出席頒授儀式專程前來日本。

伸一為使這教育交流的道路更加堅固而努力不懈。

該校又於二〇一七年，就他基於人本主義的和平教育功績而頒贈名譽博士學位。

經開闢的交流道路，通過持續踏實的往來，就會變成康莊大道。

伸一訪問秘魯期間也出席了一萬人參加的第一屆秘魯世界和平青年文化節，並講話鼓勵。

「各位用勝利妝點青春，我滿懷誠意和愛，在各位內心深處和大家緊緊地握手。

文化是一國之花。文化運動與和平運動相通，會成為開創人生幸福的運動。我斷言，各位絲毫不求名譽和利益，以青春的純粹之心跨越所有困難，達成了這場在秘魯文化運動的歷史上流芳的出色文化節，已經取得了贏取人生桂冠的資格。」

他又提到此日利馬上空彩虹高高懸掛，祝福說：「我確信這是象徵秘魯和秘魯ＳＧＩ的未來已經進入彩虹絢麗輝耀的時代，從心裏祈願心愛的秘魯繁榮、安定與光榮。」

伸一還參加了在秘魯文化會館舉行的三次勤行會，並讚揚已故秘魯ＳＧＩ理事長畢森特・政見・岸部的功勞，說：

「妙法正是拯救國家，使國家繁榮的幸福動力。」「秉持信心的人是畢生擁有永恆信念的人，同時是擁有幸福的人。」——他的講話包含着希望所有人「貫徹不退轉的信心，成為幸福王者」的心願。

山本伸一在一九八七年二月的北美和中美之行，第一次訪問了加勒比海上的明珠——多明尼加共和國。他和華金．巴拉格爾總統會見，其後獲頒多明尼加共和國最高勳章「克里斯托弗．哥倫布大十字勳章」。

他又到訪多明尼加會館，出席慶祝多明尼加廣布二十一週年的紀念勤行會。

草創的同志從日本移民到來，在石頭遍地、無法耕作的土地上跟絕望搏鬥，千辛萬苦奠定了多明尼加廣布的基礎。因此伸一要從心裏讚揚、勉勵他們。

參加勤行會的人當中有多明尼加廣布的可貴先驅，被太陽曬黑的臉上綻放笑容。

山本伸一笑着對他們說：「各位開闢了廣宣流布的道路，滿載着御本尊的無量功德，愉快而頑強地度過美好的人生！——這人生的歷程本身就顯示了多明尼加廣布即社會的繁榮，亦將開闢洋溢着希望的未來。」

他鼓勵說：「祈願所有人能享受『多福的人生』、『光榮的人生』、『長壽的人生』。」

接着又出席第一屆多明尼加ＳＧＩ總會。

第二天，伸一訪問聖多明各自治大學。費爾南多・桑切斯・馬丁內斯校長面露微笑說：「本校決定授予法律政治系名譽教授予SGI會長，讚揚您的廣泛人道主義活動。」舉行了授予儀式。

離開多明尼加共和國那天，伸一又在獨立公園獻花，然後和二百數十名會員代表合影留念。

他又訪問巴拿馬，會見埃里克・阿圖羅・德爾瓦列總統，並榮獲該國最高勳章「巴斯克・努涅斯・德・巴爾沃亞勳章」。

在巴拿馬文化會館出席紀念勤行會，講述唱題的重要性。

逗留期間，他還訪問巴拿馬大學，和阿卜杜勒・何塞・阿達梅斯・帕爾馬校長等懇談。該大學在二〇〇〇年向伸一頒贈名譽博士學位。

這些榮譽是對學會的和平、文化、教育運動的稱讚與認同，也是對該國同志貢獻社會的讚揚與信任的證明。

伸一代表接受，要藉此來彰顯創價先師牧口常三郎與恩師戶田城聖的偉業，並報答會員的拚命奮鬥，希望大家滿懷喜悅與自豪前進。

他也致力和各國領導人對話。這會成為實現世界和平的道路，並促進對學會的理解，也會成為維護該國同志的力量。

一九八五年，他在東京港區的迎賓館拜會前來日本的印度總理拉吉夫·甘地，二人就和平、青年、印中關係等暢談。

一九八七年五月，伸一出席在莫斯科舉辦的「核武器——現代世界的威脅」展開幕儀式，致辭中訴説「民眾的心渴望和平」，還和蘇聯部長會議主席尼古拉·雷日科夫會談。接着，他訪問法國，也和雅克·希拉克總理、艾倫·波爾參議院議長會談。

翌年二月訪問亞洲，他與泰國的普密蓬國王會晤，拜訪了馬來西亞的馬哈蒂爾·穆罕默德首相和新加坡的李光耀總理。

此外，他於一九八九年訪問歐洲，有機會和英國的瑪嘉烈·戴卓爾首相、瑞典的英瓦爾·卡爾松首相、法國的佛朗索瓦·密特朗總統等會談。他在此次訪問，應法國學士院藝術學院邀請，在學士院會議場作紀念演講，題為《東西方藝術與人性》。

同年伸一又會見了奧地利的弗朗茨·弗拉尼茨基總理、哥倫比亞的比爾希略·巴爾科總統。兩人會談時，伸一獲總統親自授予該國的「功勞大十字勳章」。

一九九〇年五月，伸一第七次訪華，和李鵬總理、中國共產黨江澤民總書記進行了開誠佈公的對話。

然後又於同年七月第五次訪蘇，在克里姆林宮第一次和米哈伊爾·謝爾維奇·戈爾巴喬夫總統會談。

伸一幽默地說：「非常高興能見到您。我今天是來和總統吵架的。讓我們擦出火花，不管甚麼都坦率地交談吧，為了人類，為了日蘇兩國！」

戈爾巴喬夫總統也幽默地回應伸一的話說：「我很清楚會長的活動，但不知道您這麼熱情。我也喜歡坦率的對話。

我感覺和會長一見如故，是一種以前就非常了解，今天終於能直接見面了，並為初次會見而深感高興。」

伸一用力點頭回答：「我也很有同感。但總統是世界矚目的領導人，是位從根本來考慮人類和平、擁有信念的政治家，是具有魅力、誠實、生氣勃勃的熱情和智慧的領導，而我只是一介平民。為了等待總統發送的信息的世界人民，還為了後世，今天我做學生，聽您賜教。」

總統露出其特有的戈式微笑說：「還未來得及說歡迎客人的話，就被您搶先了，怎麼會是學生啊！會長高舉人本主義價值觀和理想，對人類作出了巨大貢獻，我對此深表

敬意。我對會長的理念深感親切，也對會長的哲學寄予深切的關心。我的改革『新思維』也只不過是會長的哲學大樹上的一根小枝罷了。」

伸一毫無保留地說出自己的想法。

「我也是改革和新思維的支持者。總統和我的觀點有很多共通的地方，有共通之處也是理所當然的，因為我和總統也注視着『人』。人就是人，這是共通的。我對哲人政治家的總統寄予很大的期待。」

伸一在二十五年前曾提倡「人性社會主義」的理念。總統以「人道的民主的社會主義」為目標高舉改革的旗幟。立足於人這個普遍原點時，一切都能融合、聯結起來。

戈爾巴喬夫總統談到伸一的社會、和平行動。

「我非常讚賞會長充滿智慧、面向社會的活動與和平活動。理由之一是因為在所有活動中必須含有精神性的一面。我們如今要在『政治』中一步一步加入道德、倫理這些精神性元素。雖然很困難，但如果成功，就能取得美好的成果。現在人們也許沒考慮這一點，但我相信這是可能的。」

二人在「政治」與「文化」的聯盟、融合的重要性上也意見一致。進而就日蘇關係、改革的現狀與意義、對青年的期待等內容廣泛交換了意見。

伸一和戈爾巴喬夫總統會談，有一個要完成的「課題」。那就是戰爭結束已經四十五年，蘇聯的國家元首卻從未訪問過日本，總統能否訪日備受關注。但是兩天前總統會見日本國會代表團時並沒有提及訪日。

伸一這樣開口問：「總統的新婚旅行去了哪裏呢？怎麼沒來日本呢？」

然後他露出笑容繼續說：「日本的婦女非常希望總統和賴莎夫人，在春天櫻花盛開或者秋天紅葉艷麗的季節來到鄰國日本。」

「謝謝您！我就把訪問日本列入行程。」

應聲而答，伸一又再傳達盛意的邀請。

「我衷心期盼愛日本、愛亞洲、愛世界和平的哲學家總統您能早日來訪日本。」

戈爾巴喬夫總統明確地說「一定實現」、「準備廣泛地對話」、「可能的話，於春天訪問日本」。新時代的大門將大大地敞開。

戈爾巴喬夫總統坦率地吐露自己的心情。

「無論任何問題，我都可以談。請您想說甚麼就請隨便說。我也會如此。以前和日本人士的對話總是過於刻板。總之，只要互相邁出和諧的步伐，問題就會一步一步地解決。偉大的兩國國民聚首，如果總是談『前提條件』、『最後通知』等的內容是不行的。」

伸一彷佛看見了總統的對話主義信念。

對話要脫掉權威或立場的外衣，坦率、自由地觸及各種問題，雙方積極地提出自己的主張，才會有成果。並且不是先有結論才談話，而是靈活、堅韌地持續交談，從中開闢新路。

二人的對談進行了大約一小時十分。

伸一和戈爾巴喬夫總統的會見立刻傳遍全世界。在蘇聯國內，莫斯科電台、共產黨機關報《真理報》、政府機關報《消息報》等做了大規模報道。

戈爾巴喬夫總統明言將會訪日，意味着新的交流之光照射在前景模糊不清的日蘇關係上。

在日本，NHK等電視台、廣播電台當晚亦報道了二人會面和「戈爾巴喬夫總統訪日」的消息。全國的報章也在頭版上報道。

戈爾巴喬夫總統按約定於二人會談第二年的一九九一年四月，訪問日本。

伸一到東京迎賓館拜會總統。他們為再次會面而感到高興，暢然對話。伸一從心裏讚嘆總統放棄安穩的日子，為蘇聯、為人類，投身於改革的現實「戰鬥」的勇氣。二人共同強烈希望日蘇「永遠友好」，為此暢談。照耀未來的「友情太陽」赫赫升起來。

「曼德拉！萬歲！」

一九九〇年十月三十一日，東京信濃町的聖教新聞社前庭被五百多名男女青年的歡呼聲包圍着。此日，山本伸一和青年一起歡迎南非共和國反種族隔離運動領導人、非洲人國民大會（簡稱「非國大」，ＡＮＣ）副主席納爾遜．曼德拉，並進行會談。

曼德拉是人權鬥爭的勇士，坐牢一萬天，長達二十八年，在鐵窗裏取得「與歧視鬥爭」的勝利。第二年成為非國大主席，一九九四年在南非舉行首次所有種族的選舉中獲勝，就任總統。

「我懷着滿腔的敬意歡迎民族的英雄！」

曼德拉一下車，伸一就這樣對他說。他報以溫和的笑容。

「很榮幸能與您見面。我一直想，如果去日本就一定要見山本ＳＧＩ會長。」

交談開始了。伸一對副主席特意來訪表示了謝意之後，由衷地讚揚他的鬥爭。

「副主席證明了正義必勝，給世界送上勇氣。」

曼德拉在獄中設立學習組織，讓在囚人士互相教授各自的專門知識和技術。他並跟一切障礙戰鬥，擴大政治犯的學習權利。在這樣的奮戰中克服了製造「如機器人般的群眾」牢獄所帶來的「破壞精神」和「否定智慧」的壞風氣。

伸一談到曼德拉副主席的獄中鬥爭。

「您把監獄變成了學習場所，變成了『曼德拉大學』，我很關注這個事實。無論在哪裏，都要擴大『教育』，無止境地追求人的上進。這份熱情讓我感動。」

對於擁有不屈信念的人來說，一切都是學習的場所。

曼德拉副主席聽說：「感謝如此熱情的歡迎。山本ＳＧＩ會長是國際著名人士，在我國也廣為人知。您作為團體的領袖一邊創造人類『不朽的價值』，一邊用這價值聯結人類，發揮作用，這對於世界很重要。」

然後他露出微笑說：「自從聽聞ＳＧＩ會長和ＳＧＩ以來，我就很想與會長見面。來到日本了，見不成就不回去。」

他又目光炯炯地說：「我認為和ＳＧＩ會長的會見是『啟發』、『力量』和『希望』的源泉。」

偉大的領導人重視對話，把這一切都作為前進的動力。

伸一對副主席的稱讚感到惶恐。他讚揚曼德拉副主席自出獄以來，一直奔波世界，訴説支援反種族隔離運動的熱情。副主席訪問非洲、歐美等三十多個國家，和各國首腦會談，又訪問亞洲和大洋洲。

伸一從要長久地支持反種族隔離運動這個觀點，提出一個又一個建議：「創價大學接收非洲民族會議派遣的肩負非洲未來的留學生」、「民音邀請南非藝術家等到日本公演」、「舉辦暫名為『種族隔離與人權』展的綜合展覽、還與相應的國際機構合作在海外巡迴展覽」、「在日本舉辦暫名為『反種族隔離攝影』展」、「在日本各地以種族隔離等多元化的主題召開『人權講座』」等等。

伸一提出這些建議，是因為他強烈地認為，重要的是通過教育、文化交流來促進日本和南非的友好，同時啟發人們的意識，在日本、在世界，廣泛地掀起維護人權的浪潮。只有改革人的意識，才能創造「人權世紀」。

然後，他談及曼德拉副主席的行動彰顯出廣義上的人本教育工作者的使命，創價大學要向他頒贈最高榮譽獎，表揚他的功勞。列席會見的創大校長把該獎授予副主席。

伸一又提及南非共和國被稱作「花的寶庫」，好望角一帶生長着七千種以上的植物，然後介紹了佛典之王的《法華經》裏有「人華」這一美好的詞語。

「人華」一詞出自《法華經·藥草喻品》，此品把各種各樣的眾生比喻為多樣的草木，教示佛的教說如慈雨普降，使眾生的佛性平等地開花。正如《法華經》所示，佛教自發祥以來一直與一切歧視戰鬥。佛教反對種姓制度等基於人種、民族、國籍、宗教、職業、階級、出身等差異的一切歧視，因而遭受既成體制和權力的無數迫害。日蓮大聖人也稱自己為「旃陀羅之子」，置身於社會中被歧視的最底層，為流布絕對平等的佛法思想而奮戰。

伸一指出，SGI立足於佛法的人權鬥爭歷史與精神，以佛法為基調，推進為所有人而有的「和平」、「文化」、「教育」運動。又談到，遠瞻未來，「教育」是國家發展的「因」，有智慧的人增加，就能有「更多的人看透社會的本質，明確地判斷『善』和『惡』」。

伸一對人權鬥爭英雄曼德拉副主席滿懷尊敬與讚嘆，獻上一首詩。

我舉起雙手頌揚
您那偉大的精神力量
您那不屈不撓的信念力量
而且以滿腔的敬意稱您為

令人驕傲的「非洲良心」
走在人道的大道上的我們心靈的同志

翻譯朗讀完贈給曼德拉副主席的詩後，伸一站起來，和人權鬥士緊緊握手。

伸一向面露感動之色握着他的手的副主席說：「請您不要忘記日本也有『同志』，世界各地也有，後世亦會有更多。」

然後，他唸了自己最感銘肺腑的話語——曼德拉走出牢籠後一九九〇年二月的演說結尾部份。那是引用自副主席在二十六年前的裁判中的發言。

「『我為反對白人統治而鬥爭，也為反對黑人統治而鬥爭。我懷有一個建立民主和自由社會的美好理想，在這個社會裏，人人和睦相處，機會均等。我希望為這一理想而生存，並去實現它。但是如果需要，我也準備為這個理想獻出生命。』（《曼德拉——與自己對話》，曼德拉著）

這番話凝聚了您的靈魂。我也在走『和平鬥士』、『人權鬥士』、『正義鬥士』的路，所以這番話在我心中深深共鳴。」

副主席以感動的語調說：「我們今天在這裏最大的收穫是ＳＧＩ會長的睿智話語。

勳章可能有一天會壞掉，獎狀也許哪一天會被燒毀，但睿智的話語是不變的。在這個意義上，我們獲得了比勳章和獎狀更好的禮物。

聽了ＳＧＩ會長的話，我們比來訪前變得更善良而離開這裏。我決不會忘記ＳＧＩ會長。」

「我才要獻上比您所說的更深的感謝。」

真實的對話讓人互相啟發。

兩人談得很起勁，預定五十分鐘的會見時間轉瞬間過去了。會談結束後，二人一同邁步。

伸一說：「對於偉大的領導人來說，迫害如影相隨。這是歷史上的常事。跨越迫害，戰而勝之才是偉大的。陰險的迫害今後也會繼續吧，但一百年後、二百年後，真正的正義必將被證明。請您多多保重！」

這也是伸一說給自己聽的一番話。作為人，為人而奮戰，二人的靈魂熱烈地呼應。

山本伸一此後也更加精力充沛地展開以和平為目標的人性外交。這是靈魂與靈魂之間的認真觸發。

他和曼德拉副主席會談的翌月一九九〇年十一月，接連與尼日利亞前國家元首雅庫布．戈翁博士、贊比亞總統肯尼思．卡翁達見面。

而且他又於同月和保加利亞總統哲列夫、土耳其總統圖爾古特．厄扎爾，翌年和菲律賓總統科拉桑．阿基諾、統一後的德國第一任總統里夏德．馮．魏茨澤克、英國首相約翰．馬卓安等對話。

人和人交談，思考和平，彼此的心聯結在一起——對話是內發的、漸進主義的解決問題的方法。對話堅持到最後才可以稱之為對話。因此，需要忍耐力和堅韌的精神力量。

另一方面，「沒有商量的餘地」這種激進主義的態度其實就是掩蓋軟弱的假面具，就是人性敗北的宣言，結果就是傾向於依存暴力等外來的壓力。

通過對話連結人與人的靈魂，才是創造和平網絡的力量。

伸一不僅與各國總統或元首等領導人會面，還與學術、藝術、教育等各界人士會談，而且交遊之廣闊遍及歐洲、亞洲、大洋洲、北美、中美、南美、非洲等世界各地。

光從一九九〇年十二月至翌年上半年，就與如下的主要有識之士會談。

奧斯陸國際和平研究所所長斯韋勒．洛德戈爾、加拿大蒙特利爾大學副校長路奈．西馬、美國哈佛大學名譽教授約翰．蒙哥馬利、聯合國教科文組織總幹事費德里科．馬約爾、菲律賓大學校長何塞·阿布伊巴、香港中文大學校長高錕、阿根廷巴勒莫大學校長理卡多·波波夫斯基等。

為了進行心與心的交流，伸一展開友好對話的同時還奮筆作詩，抒發自己的真情和讚賞之意，贈給世界領導人、有識之士。

他曾贈詩給中國佛教協會會長趙樸初、已故周恩來總理夫人中國人民政治協商會議全國委員會主席鄧穎超、北京大學校長丁石孫、蘇聯的莫斯科大學已故校長霍夫洛夫、對外文化聯合會主席捷列什科娃和總統戈爾巴喬夫等。還有印度總理拉吉夫·甘地、美國前國務卿基辛格、阿根廷總統阿方辛、秘魯聖馬科斯大學前校長范·德·迪奧斯·格瓦拉和英國前首相戴卓爾等。

人心深處有眼睛看不見的黃金琴弦。詩的語句撥動那看不見的琴弦，奏響共鳴音韻。不久將譜成友情與和平的動人樂曲。

理想站在真正抱有理想的人一邊；
正義站在真正堅持正義的人一邊；
民眾站在真正守護民眾的人一邊。

這是贈給繼承被暗殺的丈夫的遺志、為菲律賓民眾挺身而起的科拉桑·阿基諾總統的詩《菲律賓母親的桂冠光輝璀璨》的一節。

伸一為了鼓勵全世界各地致力於廣宣流布的可貴同志，持續創作詩相贈，其中也展示了活動指針和人生指針。

一九八一年訪問歐洲、北美時贈詩給法國青年部、美國青年部，在大分、熊本等地指導時又贈給所有青年部《青年啊，攀登二十一世紀廣布之山》。他越發奮筆創作長詩。

以一九八七年為例，就創作了《世紀的太陽高升》（美國）、《巴拿馬的國花》（巴拿馬）、《悠遠的亞馬遜長河》（巴西）、《加勒比的偉大太陽》（多明尼加共和國）、《文化之花　生命之城》（法國）、《新文藝復興之鐘》（意大利）、《向七大洋　向人類世紀》（英國）、《響徹萊茵河的和平交響曲》（德國）、《懸掛尼亞加拉的彩虹》（加拿大）。

這一年也贈詩給日本同志《幸福之風——中部的天空》（中部）、《青蔥天地——四國讚歌》，翌年贈送《和平的圓頂——凱旋的歌聲》（廣島），繼北陸、沖繩、東北，又擴大到所有市、縣和區。

贈給加拿大同志的詩歌有以下的詩句：

法不自弘
人弘法故
人法共尊
諸君啊，你們啊
正因如此
才要徹底磨礪人格
信心即生活
信心即人格
要知道信心堅強的人
就是擁有能包容所有人的慈悲
人格圓融的人
能發放這人格光輝
妙法的網絡就會不斷擴展

伸一通過詩展示為人之道、信仰的態度、前進的目標，不斷贈送希望、贈送勇氣。

山本伸一辭去第三代會長十多年，一心願望開闢世界和平之路，決心掀起廣宣流布的大潮流，不停地奔走，徹底進行對話。

在這期間世界亦迎來一大轉機，那就是東西冷戰結束。

東西陣營對立，把世界一分為二。對立的導火線是第二次世界大戰末期的一九四五年二月在克里米亞半島南部的雅爾達舉行的雅爾達會議。會議上，同盟國美國的羅斯福總統、英國的邱吉爾首相、蘇聯的史大林主席就戰後處理、創設國際聯盟、蘇聯對日參戰等進行磋商，締結協定。

這次會談制定了戰後國際秩序的結構，歐洲分為支援美國的資本主義西方陣營，和支持蘇聯的社會主義東方陣營。蘇聯想推進世界的社會主義國家化，另一方的美國則想把世界各國置於其影響之下，戰後雙方一直在進行核軍備競賽。

擁有核武器的兩個國家沒有直接交戰，所以被稱作「冷戰」，但始終存在很可能變成「熱戰」的危險。

後來，兩大陣營的對立白熱化，一九六一年在分裂為東西的德國築起了柏林圍牆，禁止市民自由往來。一九六二年，古巴危機令人極之憂慮美蘇的全面核戰隨時一觸即發。

東西對立導致悲慘的戰爭，像越南戰爭那樣蔓延至亞洲以及全世界。

在同樣的社會主義陣營中，蘇聯和中國之間發生糾紛，對立呈現複雜的局面。分裂加速分裂，因此需要確立返回人這個普遍的共同點的統合哲學。

世界動盪。既沒有不變動的時代，也沒有不變化的社會。看似冰封的局面，也會有融化的時候。——伸一堅信，人類歷史必然會轉向和平的方向，轉向融合的潮流。不，他決心「非要使之實現不可」。

終於美蘇兩國也出現了緩和緊張氣氛的動向。一九六九年兩國開始進行戰略武器限制談判（SALT）。七十年代美蘇終於在第一輪（SALT I）和第二輪談判（SALT II）簽署各項條約。雖然在第二輪談判簽訂條約沒有生效，但對於互相敵視的兩國來說，對於世界來說，都是歷史性事件。

伸一尤其憂慮的是中蘇糾紛。對於日本來說，這是鄰國之間的紛爭；對於亞洲和平來說，這也是重大的事情。

一九六八年九月，伸一在學生部總會上就日中邦交正常化、恢復中國在聯合國的合法地位等問題發表倡言，也是出於此信念。不僅要促進日中千秋萬代的友好，而且為了世界和平，不能讓中國被孤立。

他從民間人士的立場直接向中蘇首腦訴說要走和睦之路。

發表倡言六年後的一九七四年五月到六月伸一首次訪華，會見李先念副總理等領導人。九月初次訪問蘇聯，會見柯西金總理，得到總理「蘇聯沒有攻打中國的意思」這明確的回答。他再於十二月第二次訪華，向中國方面轉達蘇聯的想法，並會見了周恩來總理。

一切都是出自「為了和平、為了民眾如何解決兩國的對立」此殷切的願望。

倘若放棄的話，就無法打開任何局面。和平就是與放棄之心作鬥爭。

發動戰爭的是人，因此沒有以人的力量不能消滅的戰爭！──山本伸一這樣堅信，實現了第二次訪華。周恩來總理強烈希望與他會見，儘管在住院，仍不顧醫生的勸阻接見他。

伸一感到自己希望中蘇和平的心確實傳達到周總理的心中。

周總理的信念是「促進人民的友誼是世界潮流」。

雖然一九七〇年代世界的局勢開始呈現緩和緊張的氣氛，但一九七九年蘇軍為支持親蘇政權而進攻阿富汗，西方各國激烈反對。很多西方國家抵制一九八〇年莫斯科奧運會。

東方各國作出報復，以一九八三年美國侵入格林納達為由，抵制一九八四年洛杉磯奧運會。時代潮流逆轉，演變成被稱為「新冷戰」的狀態。

為了跨越東西對立，伸一和美蘇首腦等持續對話，提出「選擇瑞士等合適地點舉行美蘇首腦會談」等具體建議。

為冷戰劃上句號，發揮出巨大作用的，是蘇聯的戈爾巴喬夫。一九八五年，他就任蘇共總書記，推進公開信息和改革政策，從社會主義體制大大地轉向自由化。

戈爾巴喬夫又高舉「新思維」，努力和西方各國改善關係，並提議推進裁軍。一九八五年十一月，關閉長達六年半的大門打開，美蘇首腦在日內瓦重啟會談。伸一從這節新聞感到「時」到來了，終於實現了一直以來的願望。

彼此認真以和平為目的，超越所有分歧，就可以達成協議，猶如流入大海的河流匯合成一。

戈爾巴喬夫作出果斷的決定，從陷入僵持局面的阿富汗撤軍。

一九八七年十二月，美蘇之間簽署了軍事史上劃時代的全面廢除《中程導彈條約》。

蘇聯的改革也蔓延至東歐各國，自由與民主的潮流一下子擴大開來，波蘭、匈牙利、捷克斯洛伐克等國家的共產黨政權倒台。這就是東歐革命。

在改革遲遲沒有進展的東德，國民不斷地逃亡到西德。一九八九年十一月九日（當地時間）東德發表了即日准許自由出國的消息。這是東德發言人把從第二天（十日）准許申請出國簽證的內容傳達錯了。

市民蜂擁到勃蘭登堡門和邊境關卡。關卡不得已開放，人們湧進西柏林。進而，柏林圍牆被拆毀。可以說，自由與民主是歷史的必然潮流。

一九八九年十二月初，在地中海的馬爾他，美國總統布殊和蘇共總書記（最高蘇維埃主席）戈爾巴喬夫舉行美蘇首腦會談。

兩國首腦首次共同會見記者，宣佈結束東西冷戰，新時代到來了。

十二月二十二日，象徵分裂的柏林勃蘭登堡門敞開。

伸一看着電視播放的新聞，想起一九六一年十月訪問柏林，在雨過天晴的門前對同行的會員說的話。

「三十年後，這道圍牆必定會被拆除……」

這是他對渴求和平的人的「良心」、「睿智」與「勇氣」終將勝利的確信。同時是他作為佛法實踐者表明為實現世界和平貢獻一生的決心。歷經二十八年，如今終於實現了。時代邁出了一大步。

戈爾巴喬夫締造了裁軍潮流，提出重建蘇聯國內經濟、進行民主化政治改革，進而修改憲法，從一黨獨裁變為容許多黨制、建立總統制度等，於一九九〇年三月就任蘇聯第一任總統。同年，他獲頒諾貝爾和平獎以表揚其對和平的偉大貢獻。

他也預料到他推進的人類歷史性實驗「新思維」改革將帶來的考驗與混亂。

他和山本伸一第一次會面時這樣說：「我國社會經歷了特殊的歷史，語言也大約有一百二十種，而民族就更多了，是一個極為複雜的社會。新思維的關鍵是賦予人民『自由』，但人民怎樣享受自由，是今後的重要課題。」

猶如長時間身處在黑暗中的人突然走到太陽耀眼的外面，在「自由」和「民主主義」尚未扎根的風土，突然帶來「自由」和「民主主義」，人們當然會不知所措。社會上各種勢力也一定會提出不同的主張。

戈爾巴喬夫的憂慮並非杞人憂天。民族問題在各地爆發，經濟停滯的濃霧阻擋了前路。死守特權的官僚企圖排斥他，順應潮流的激進改革者也對他大加譴責。

在這種情況下，蘇維埃聯邦內發生解體獨立的動向，波羅的海三國等接連宣佈獨立。時代超出他的預料，勢如奔馬激烈地動盪。

一九九一年六月，激進改革派的葉利欽當選為蘇聯的俄羅斯蘇維埃聯邦社會主義共和國總統。

另一方面，八月反對改革的保守派發動軍事政變，戈爾巴喬夫在所在地克里米亞被軟禁。

伸一祈求戈爾巴喬夫在激盪的歷史大浪中能平安地獲釋。

俄羅斯總統葉利欽號召打倒保守派所領導的政變，要求民主化的民眾隨後也被鎮壓。

獲釋放的戈爾巴喬夫返回莫斯科時，實權已由葉利欽掌控，時勢加速變化。

一九九一年八月，戈爾巴喬夫辭去蘇共總書記，決定解散共產黨。九月，蘇聯國務會議承認波羅的海三國獨立。十二月，由葉利欽主導，俄羅斯和烏克蘭、白俄羅斯三國宣佈成立獨立國家聯合體，取代蘇維埃聯邦。十一個共和國在成立協議上簽署，蘇維埃聯邦解體，戈爾巴喬夫辭去蘇聯總統。

俄國革命七十四年後，率領東方陣營的蘇聯被歷史的洪流吞沒，落下了帷幕。

蘇聯第一任也是最後一任總統戈爾巴喬夫遭到猛烈的批判，但他的決斷和行動給蘇聯、東歐帶來了自由與民主的新風氣，成為人類史的轉捩點。

戈爾巴喬夫的好友、支持他的新思維的著名作家成吉思·艾特馬托夫在戈爾巴喬夫辭去總統之後向伸一發來一文，題為《給戈爾巴喬夫說的寓言》，記述了戈爾巴喬夫對新思維的信念的一則軼事。

在新思維付諸實行，前所未有的民主改革備受矚目時，艾特馬托夫被戈爾巴喬夫叫到克里姆林宮的辦公室。艾特馬托夫在那裏對他說了這樣的寓言：

——一天，一個先知來到偉大的當權者跟前，問他：「你希望人民幸福，給予完全的自由與平等，是真的嗎？」當權者回答：「是真的。」

先知說：「你有兩條路，兩種命運，兩種可能性。選擇哪一個是你的自由。」

第一條是「靠專制鞏固王權」。那樣的話，作為王權繼承者，被賦予無比強大的權力，可以安享這恩惠。

第二條是給人民自由，那是「受難的嚴酷道路」。

為甚麼？先知說了理由。

「因為你給予的『自由』，將會變成接受它的人的漆黑而忘恩之心，返咬你。」

「得到自由的人擺脱了從屬的枷鎖，就會把對過去的仇恨轉向你。在群眾面前指責你，嘲笑聲也會甚囂塵上，愚弄你和你身邊的人。

很多曾是忠誠的同志，會公然謾罵，反抗你的命令。直到人生的最後一天，也擺脱不了周圍要貶低你、踐踏你名聲的野心。

偉大的君主啊，選擇哪個命運是你的自由。」

當權者說要深思熟慮，七天後作出結論。

艾特馬托夫說完寓言，要告辭回去時，戈爾巴喬夫說：「不需要等七天，七分鐘都太長，我已經作出選擇了。我不會脱離一旦決定的道路。我的目標就只有民主主義，只有自由，進而擺脱可怕的過去和一切獨裁，僅此而已。人民怎樣評價我，是人民的自由。

即使現在很多人不理解，我也決心走這條路……」

艾特馬托夫寫給伸一的這封信裏，流露了戈爾巴喬夫推進新思維的非凡意志。明哲保身、貪圖名利的人不可能達成真正的改革。廣宣流布這一偉業也要由「下定決心的人」的雙手去完成。

隨着蘇聯解體，葉利欽率領的俄羅斯共和國變成俄羅斯聯邦，雖然繼承了前蘇聯擁有的各種國際權利等，但面臨財政危機，前途多難。

此外，雖然前東方陣營的各國獲取自由，但是在南斯拉夫以及阿塞拜疆、亞美尼亞、車臣等國家發生民族、地域紛爭，恐怖活動也愈益激烈。

而且，冷戰後在世界各處圍繞民族、宗教、經濟等對立的溝壑加深，局部地區性的戰亂蔓延。

山本伸一每年於一月二十六日「ＳＧＩ日」發表倡言，呼籲應該以聯合國為中心，建立和平的體系和規則，以構築冷戰結束後的新世界秩序。

與此同時，為開拓新時代，必須拂去覆蓋在渴求和平、民主、自由的人們心上的絕望、冷笑主義和猜疑。

為此，需要在所有層面架設敞開心扉的對話。可以說，這並不是時代病理的治標療法，而是根治時代病理的艱辛奮鬥。

戈爾巴喬夫辭任總統之後，伸一也多次和他會談。

一九九三年四月，戈爾巴喬夫夫婦訪問日本，創價大學授予他名譽博士學位，同時創價女子短期大學亦向和他共同奔走的賴莎夫人頒贈最高榮譽獎。此日，戈爾巴喬夫在大學講堂舉行紀念演講。

一九九六年，彙集戈爾巴喬夫和伸一的對話，出版《二十世紀的精神教訓》。

一九九七年十一月，戈爾巴喬夫夫婦又訪問了關西創價學園。

友情在持續交往之中扎出更深的根，開出更美的花朵。

山本伸一決心對蠻橫無理地攻擊學會的正信會僧侶正式反攻，創價同志踴躍地開始前進，廣宣流布的水流也逐漸擴展，逐年累月恢復了滔滔大河之勢。

然而，廣布的征途是險峻的，必須跨越各種考驗和障礙前行。

伸一本人也遭遇很多考驗。一九八四年十月三日，次子久弘因病猝逝，享年二十九歲。他完成創價大學法學系碩士課程後，立志「要為下一代守護創價教育之城」，成為母校的職員。

九月二十三日，在創價大學為「創大節」做各種準備時，他感到胃部不適住進醫院。據說在去世前一天，他還從醫院打電話和有關人員商議行事的內容。

久弘經常對朋友說：「要使創價大學成為名留青史的全球性大學，就必須有認真的人豁出性命來奮鬥。我就要當一個這樣的人。」

伸一正在關西出席第五屆SGI總會，連日忙於鼓勵會員。

接到訃告是在十月三日的晚上，他在關西文化會館唱題追善。久弘實在是英年早逝，但可以相信，這是他竭盡全力按照自己的決意徹底完成了使命的人生。

伸一認為久弘的死必然有其深遠的意義。

在廣宣流布的路上發生各種各樣的事情是理所當然的。但無論發生甚麼，不懼不惑，用信心之眼深刻地審視一切事態，跨越過去，才是真正的信心。廣布的路途極其漫長，是一步也不能後退的持續鬥爭。體認這一點，領會「難來以安樂意之可也」（〈御義口傳〉，御書七八三頁）的原理，就是大聖人的事之法門，就是學會精神。

伸一也於一九八五年十月弄垮了身體，必須住進大學醫院進行詳細檢查。

青春時期他曾患肺病，醫生説活不到三十歲，這樣的身體卻天天全力奔走。他辭去會長職責以後也奔走世界，比以前更為繁忙。再加上會長秋月英介有一段時期身體也垮了，伸一為支持大家更加傾力鼓勵。

他這時想，不久就要到恩師戶田城聖去世的五十八歲。想到在自己之後成為會長的十條潔也是在五十八歲去世，他決意一新。

「我負有恩師囑託的世界廣布使命。為此，決不能倒下。要替恩師活到底，奠定世界廣宣流布的永遠基礎！」

伸一重新體悟到身體健康的重要，以此為基礎展望廣布的新未來。

人生可説是與宿命的嚴峻戰鬥。

也會有失去至親、自己病倒，或者家庭不和、孩子失足、失業、破產、生活貧困等一波又一波的苦難如驚濤駭浪般襲來，所以才要有信心，使自己堅強，絕沒有憑信心跨不過去的宿命。

不向苦難低頭，越是艱苦越能鍛鍊出頑強堅毅的心志，培養出能跨越任何考驗的力量。進而，能懂得他人的痛苦和悲哀，對煩惱的人感同身受，能從心裏鼓勵，而自己的境界也會藉此而得以提高。

不受挫於苦難，敢於勇往直前，這種生存方式本身就是佛法偉大力量的證明。就是說，徹底為廣宣流布奮戰時，宿命就會變成自身的可貴使命，苦惱就會變為心的財寶。

時不我待。山本伸一全力向世界廣布突飛猛進。

在日本，因恐嚇學會未遂而被捕的山脇友政的審訊還在進行。一九八二年十月和翌年，伸一作為檢察方面的證人出庭。一九八五年三月，東京地方法院作出一審判決。

判決是「被告人處以三年有期徒刑」，即是實刑。「量刑事由」是「不僅涉及金額龐大，而且違背律師的保密義務，只能說是非常嚴重的背信棄義性犯罪」。法庭清楚地揭露了山脇令人髮指的卑劣手段，他不但「勾結活躍的僧侶，支持他們攻擊學會，並煽動週刊雜誌等批判學會」，而另一方面則恫嚇希望僧俗和合的學會。

而且判決也指出他為了掩飾罪行還作出了各種虛假的活動。斷罪為「被告人不僅從調查階段否認與本案無關，而且在公審中作出很多虛假的辯解，提出虛假的證據，絲毫不見反省的態度」，「本案罪行惡劣，被告人罪責重大」。

判決書中隨處可見「被告人的作供不可信」這樣的表述。顯然山脇在法庭上也謊話連篇。

山脇對東京地方法院的「三年有期徒刑」判決立刻上訴，但東京高等法院也沒有推翻判決。

他不服上訴至最高法院，但一九九一年一月予以駁回，定讞「三年有期徒刑」的刑罰。

一九八〇年六月學會向警視廳控告，一九八一年一月山脇被捕，自此經過了十年。

在廣布路途上的任何陰謀也不能阻擋學會的前進，正如聖訓所言：「惡黨雖多，不能勝一善。」（〈異體同心事〉，御書一五四〇頁）

山本伸一以日蓮大聖人佛法的法理為根本，跨越一切障礙，拚盡渾身的力量在世界上掀起和平大潮流。

而且為了廣宣流布，他付出最大的努力使僧俗和合，全面致力於外護宗門。

宗門方面，於一九八一年完成了日蓮大聖人第七百回忌辰法事後，如何使將於一九九〇年秋天舉行的大石寺開創七百年典禮大獲成功，就成為重要課題。

一九八四年一月初，伸一再次擔任法華講總講頭。這是日顯的強烈請求，伸一接受了任命。

三月，在開創七百年紀念慶祝籌備會議上，伸一發表以十年後為目標捐建二百座寺院。

「『大願者，法華弘通也。』（〈御義口傳〉，御書七六九頁）謹遵這一聖訓，祈願令法久住和廣宣流布，請允許發願建立新寺院。」

這次捐獻表露了學會希望僧俗和合的赤誠。

第二年（一九八五年）十月，伸一接受日顯委任的開創七百年紀念慶讚委員會委員長。他傾注全部精力籌備，要將紀念慶讚辦成最盛大的慶典。

關於捐獻二百座寺院，學會也排除萬難，推進捐建，一九九〇年十二月已達到一百一十一座。

伸一希望僧侶能從心裏維護日夜為廣宣流布奮戰的同志。

聖訓有云：「若與日蓮同意，當是地涌菩薩。」（〈諸法實相抄〉，御書一四三〇頁）按照日蓮大聖人的教導，歷盡辛苦奮力弘教的同志都是地涌菩薩，是佛子。對弘教的人「當起遠迎，當如敬佛」（〈覆松野書〉，御書一四五六頁），這是大聖人的精神。稱讚、守護、鼓勵佛子才會有廣布的發展。

一九九〇年夏，在總本山，學會的青年連日揮汗準備將在九月二日舉行的大石寺開創七百年慶祝紀念文化節。這個文化節是開創七百年紀念活動的開幕禮，十月將舉辦慶讚大法會的初會、本會。

九月二日傍晚，慶祝紀念文化節以「輝耀天座　幸福的光彩」為主題在總本山大客殿前的廣場上隆重舉行。

宗門以日顯為首，總監等幹部和眾多僧侶出席，學會代表出席的有名譽會長山本伸一、會長秋月英介、理事長森川正一以及副會長等人。

文化節上，藝術部、男女青年部熱情地演出日本傳統的古典音樂、優雅的祝福舞蹈、芭蕾舞等。

世界六十七個國家和地區的會員身穿五顏六色的民族服裝自豪地行進，會場響起熱烈的掌聲，經久不息。

他們胸懷世界廣布的誓願，滿面笑容地揮手，伸一也用力鼓掌，回應會員清純之心。日顯也在旁邊露出笑容，觀賞表演。

誰都想不到，在同年的十二月，宗門竟然發動企圖分裂伸一和會員、破壞學會的陰謀。

慶祝紀念文化節結束後，連日等候伸一的是，來日出席第五屆日中民間人士會議的中國代表團聯誼、第十二屆ＳＧＩ總會，以及和巴西聖保羅美術館館長、聯合國副秘書長、印度文化團體國際文化開發協會（ＩＣＤＯ）創辦人等會談。

日蓮大聖人展望世界廣宣流布即世界和平：「日出自東，日本佛法還歸月氏之瑞相也。」（〈諫曉八幡抄〉，御書六一四頁）為了開闢使之實現的潮流，伸一拚命地不斷奮鬥。對他來說，每日都是和平建設的重要步伐。

九月二十一日，山本伸一第一次訪問韓國。他作為東京富士美術館創辦人，出席在首爾市中央日報社大樓湖巖畫廊舉辦的，東京富士美術館收藏品「西洋繪畫名品」展韓國展開幕禮。

伸一認為，韓國是「日本文化的大恩人」，首次在韓國展出東京富士美術館收藏的西洋繪畫也是報恩之一。

他還有一個信念：互相分享「人類瑰寶」的文化交流，能奏響靈魂深處的共鳴，促進日韓友好的道路。而且確信，這一定會加深社會對基於佛法的人本主義，推進和平、文化、教育交流的創價學會的理解，能大大地鼓勵起會員。

二十二日，伸一從韓國返回日本，訪問了福岡、佐賀、熊本、鹿兒島等各縣，十月二日返回東京。

然後伸一於六、七兩日，出席大石寺開創七百年慶讚大法會的初會。直至此時，學會已捐助維修正本堂，新建總一坊、總二坊等。

初會第二天（七日），舉行伸一發願捐獻的大客殿天蓋亮燈儀式。八葉蓮華的大天蓋直徑五點四米，高三點四五米，伸一按下亮燈按鈕，透雕的幢幡和雕花玻璃放射金輝。

此日伸一作為慶讚委員長致賀詞，表露了心中的嚴肅想法。

「宗祖大聖人對開創的大檀越南條時光大人教示：『必值大難，始云識得法華經之人。』（〈覆上野書〉，御書一六二二頁）——遭遇了大難才可說是明白《法華經》的人。為了弘通正法，我們決不懼怕任何難。不，值遇大難才是無上的榮譽。我們決心一輩子深深秉持這一聖訓所教示的金剛信念。」

如伸一所說，他與創價學會的大難即將競起。

日顯也在大石寺開創七百年慶讚大法會初會第一日的說法、第二日的慶讚文中，稱讚創價學會的功績。尤其在說法中盛讚：「特別是近年由於信徒團體創價學會的興隆發展，正法正義弘揚於日本乃至全世界。」

初會結束後，伸一直接到愛知進行指導，然後十二、十三日再次回到總本山，出席慶讚大法會的本會。

伸一作為開創七百年慶讚委員長推進紀念行事，竭盡外護之誠，功績卓著。本會第二天，日顯向伸一頒贈感謝狀以及紀念品目錄。

慶讚大法會結束後，伸一專心致志和各國有識之士對話。接連會見了土耳其安卡拉大學校長內勒德特·塞林夫婦、和平學家約翰·戈爾通博士、紐約國際攝影中心理事長康奈爾·卡帕夫婦、歐洲最古老的大學意大利博洛尼亞大學校長法比奧·羅華斯·莫奈哥等。

十二月十三日，伸一在聖教新聞社和挪威奧斯陸國際和平研究所斯韋勒·洛德戈爾所長會談。

交談中所長提出的「環境安全保護」成為主要話題。這是結合環境問題和裁軍問題的安全構想。

伸一向所長講解了佛法的「依正不二」原理，指出環境破壞、飢餓、疫病、戰爭等造成社會混亂的根本原因在於毒害人的善性的「生命污濁」，並說明「變革、淨化生命就是通向和平的確切道路，以佛法為基調的人間革命實踐是SGI和平、教育、文化運動的根幹」。

十三日這天，在東京墨田區的寺院裏也召開學會和宗門的聯絡會議。代表學會出席的是會長秋月英介等幹部，宗門方面是總監藤本日潤等人。

聯絡會議即將結束時，藤本把一個信封交給秋月。那是關於伸一在上月十六日慶祝學會創立六十週年的本部幹部會上的講話內容，宗門根據他們弄到手裏的錄音帶提出問題，要求學會提供書面回覆。

這個要求來得突然且急迫。學會首腦不明白宗門方面的意圖。

秋月表示如果有甚麼疑問，不應用交換文件等的方法溝通，而是應該在聯絡會議上協商。藤本答應重新考慮，把文件收回。

然而，三天後的十二月十六日，宗門給學會寄來了公文——「請以書面形式正式回覆，並由收件當日起計七天內送達宗務院」。

在那次的本部幹部會上，伸一的講話談及向世界宗教飛躍成長的布教方法、宗教運動的推進方式，但宗門忽視講話的本義，只單方面地責問。

就伸一提議合唱貝多芬的《歡樂頌》一事，也被貼上「用德語合唱《歡樂頌》是讚頌基督教的上帝，違背大聖人精神」等的標籤，然後提出質問。

十二月十六日，伸一出席本部幹部會暨第一屆壯年部總會，因為此日是貝多芬誕生之日，適逢誕辰二百二十週年，所以談到樂聖的「我的精神王國在天上」這毅然的生存態度。

為甚麼貝多芬在苦惱中仍堅持作曲？因為他要把自己所領悟的歡樂境界分享給貧苦和不幸的人，以及未來後世——這是伸一的洞見。這位偉大音樂家的信念與學會精神相通。

對於宗門以《詢問書》為題的質詢公文，學會於十二月二十三日送交回覆，強調「希望徹底商談，加深理解」。為了僧俗和合，學會坦率地一併「請益」一直以來困擾的事情和疑問，包括秋月英介和伸一一同會見法主時法主所說的話，以及僧侶不當的言行等九個項目。

二十六日，宗門寄來了書面回覆。

「用『請益』的公文提出包括沒有事實根據的九項事情的詰問書，實在是毫無悔意。」「關於十一月十六日講話的內容，根據公文完全感受不到作出誠意的答覆。」

翌日（二十七日），宗門召開臨時宗會，修改宗規。將以往沒有任期的總講頭職務改為任期五年，其他幹部（大講頭等）的任期則改三年。還有「以言論、公文批判，或誹毀、讒謗法主（管長、日蓮正宗最高領導）等」可予以處分。

這次修改的宗規即日生效，隨之「罷免所有擔任法華講本部幹部的人」。就是說，總講頭伸一、大講頭秋月和森川一正等全都喪失資格。

宗門的意圖很明顯，以修改宗規為由，剝奪伸一在宗內的地位，最終是要毀滅學會，使會員隸屬於宗門的權威權力之下。

宗門就伸一等人喪失總講頭等資格，於二十八日在通知本人之前已向媒體發佈。

臨近年底的這一天，伸一在聖教新聞社和中國敦煌研究院段文傑院長會談，圍繞以民眾為根本的佛法精神等交談。即使周圍騷動，但伸一是以創造和平與文化為目標，踏實地和世界有識之士進行對話。他思考着人類的未來，沿着信念的軌道突飛猛進。

學會員通過新聞報道等渠道得知宗門修改宗規，名譽會長的山本伸一和學會領導幹部失去了法華講總講頭、大講頭的資格。

事出突然，同志都驚訝不已，同時對宗門怒不可遏。

「為甚麼宗門幹出這樣不講理的事情！」「使宗門大發展的不是山本先生嗎？絲毫不商量就一意孤行，除去先生的總講頭資格，豈有此理！」

學會方面於二十九日收到喪失資格的通知。這正是年尾的最繁忙的時候，學會裏各縣、各區都召開緊急幹部會，就宗門問題說明情況，迅速對應。

「趁為時未晚，我們必須立即行動。」（《小馬丁．路德．金：領導能力》，當奴．菲利普著）這是美國公民權運動領袖馬丁．路德．金的吶喊。

學會將年號定為「和平擴大年」的一九九一年到來了。

新年伊始，伸一吟詠了和歌，發表在《聖教新聞》等各機關報刊上。《聖教新聞》上刊登的一首和歌是：

共賀新春皆歡喜
勇猛之心放光芒

《大白蓮華》刊登了三首，其中一首是：

疾雨烈風無所懼

我們跨越自在樂

新春時，創價同志在全國各地的會館，還有海外七十五個國家和地區，愉快地召開新年勤行會，展開充滿希望的一年。

伸一和參加學會本部勤行會的各部代表在學會別館共賀新年，殷殷勉勵。

「要打開世界廣布新時代大門，迎着烈風起飛！」

一月二日，會長秋月和理事長森川登山，要求和日顯面談，但被拒絕。宗門後來一直以「拜謁之儀、不適之身」等理由拒絕與學會對話。

十二日，宗門又寄來公文。

事實上，宗門的《詢問書》中，對伸一的發言作出詰問的引用有幾處嚴重的錯誤，也有明顯地誤解了意思的地方，而且質詢是基於毫無事實根據的謠言。

學會就這份公文具體地指出錯誤之處。

宗門承認數處錯誤，予以撤回。這樣的話，宗門所主張的論據徹底站不住腳。

然而，他們不糾正對學會所作的無理處置，甚至就僧俗關係這樣說：「學會主張本質上大家平等，以對等意識推進僧俗和合，顯露了嚴重的慢心，這相當於破壞和合僧的五逆罪。」已經到了不能再置之不理的地步，因為宗門已歪曲了日蓮佛法的根幹，成為從根本上阻撓世界廣布的元兇。

學會強烈要求宗門正式道歉，又指出《詢問書》裏有嚴重錯誤的引用，要求宗門就此作出回覆。

學會再三要求對話，但宗門始終拒絕。正如〈立正安國論〉中所言「願多研討」（御書十七頁），大聖人貫徹對話主義，教導我們要和所有人對話，用道理獲得理解、共鳴、贊同。這和用武力、權威、權力等壓力使人屈服是截然相反的。

對話是佛法人本主義的象徵，拒絕對話就等於否定大聖人的精神。學會的廣宣流布能夠飛躍發展，也是由於一直持續推進家訪、小組聚會、座談會等以對話為中心的草根運動所致。

對話主義的根底就有尊重所有人的哲學和對於人的信賴。而且對話主義的根底有教說萬眾平等、所有人都同等地具備「佛」的生命，擁有崇高使命的佛法法理支持。

然而，日顯和宗門違背這個法理，沿襲了日本檀家制度的「僧侶在上、信徒在下」的觀念，強迫學會隸屬於宗門之下。

日蓮大聖人以《法華經》為根本。如當中的「二乘作佛」[12]、「女人成佛」[13]所示，《法華經》是平等哲理，與身份等一切的差異作戰，並超越這些差異。因此，世界有識之士也大力讚揚佛法是訴說尊重生命、創造人類共和與人類和平的法理。

「無論僧俗、尼婦，但為人說得一句者，即是如來之使。」（〈致椎地四郎書〉，御書一五二四頁）大聖人明確宣言要超越僧俗、兩性差別，人是平等的。

大聖人佛法就是為了民眾的幸福而有。若任由宗門歪曲佛法本義，霸道的宗門僧侶的時代錯誤權威主義就會橫行無忌，助長不當的歧視，帶來混亂和不幸。

「『此等惡人，非佛法怨敵』，如三明[14]六通[15]羅漢之僧侶等，是滅失我正法者也。」（〈行敏訴狀答辯書〉，御書二〇〇頁）如佛典所說，正確的佛法會因此而毀滅。

學會的其中一項深憂就是宗門對文化等的認知。

他們對文化的教條主義、排他的態度不只是針對貝多芬《第九交響曲》的《歡樂

12 二乘作佛：《法華經》迹門中二乘（聲聞、緣覺）的成佛被釋尊保證。
13 女人成佛：以前被視作不能成佛的女性在《法華經》也能成佛。
14 三明：佛、阿羅漢具有的三種超人能力。其中佛的力量也叫三達。
15 六通：六神通。佛和菩薩等具備的六種超人能力。

頌》。以前在《大白蓮華》上介紹「英國王室長袍」展中的展品嘉德勳章時，僧侶看見那上面有「十字」的徽記，就提出抗議。

對各國、各地、各民族等的固有傳統和文化缺乏理解，就不可能有人與人的相互理解。對文化的敬意就是對人的敬意。

不論是文化藝術也好，風俗習慣也好，人類社會的營生或多或少都受到宗教的影響。「西曆」以耶穌基督誕生之年為紀元元年，把星期天作為休息日也是來自基督教的安息日。還有「彩色玻璃」，也是為了表現教堂的莊嚴而發展過來的基督教文化產物。基督教與很多西歐的建築物或建築風格有密切的關係。若加以否定拒絕，就不能維持社會生活。

佛法有「隨方毘尼」的教導，也叫「隨方隨時毘尼」，意指只要不違反佛法的根本法理，就應該尊重並順從各國、各地以及各個時代的的風俗習慣。

受持《法華經》肝心的南無妙法蓮華經御本尊，實踐信、行、學，為廣宣流布的使命奮戰，只要不違背日蓮佛法的根本教義，就應該靈活地判斷各種事物。

信心即社會。受持妙法的每個人對人類智慧的產物——文化等表示敬意，扎根於社會，贏得信任，世界廣布才可能達成。

況且貝多芬的《第九交響曲》加入合唱部份的席勒原作《歡樂頌》，雖然有用到「神」這字眼，但那絕不是讚美特定的宗教。

伸一在一九八七年十二月紀念學生部成立三十週年特別演奏會上，聽了五百名會員演出的《第九交響曲》（包括合唱）。他難以忘懷那時的感動。

他在祝賀創價學會創立六十週年的本部幹部會上，提議在創立六十五週年時五萬人、七十週年時十萬人大合唱《歡樂頌》。那時還提議不單只是日語，「還希望用德語唱！」

偉大的音樂、藝術超越國家、民族的差異，奏響靈魂的共鳴音，聯結人心。

《歡樂頌》作為人類的讚歌、自由的讚歌在全世界廣為傳唱。

一九八九年捷克斯洛伐克的「天鵝絨革命」，沒有發生流血慘劇就給共產黨獨裁打上了句號。十二月十四日，在首都布拉格舉行慶祝革命的演奏會上，演奏的音樂就是貝多芬《第九交響曲》，合唱的是《歡樂頌》。

演奏結束，爆發般的掌聲震撼場內。在經久不息的掌聲中新總統瓦茨拉夫・哈維爾踏上舞台時，響起「哈維爾！哈維爾」的高呼。《第九交響曲》表達了民主的喜悅。

十二月二十三日和二十五日，在圍牆拆毀的柏林舉行音樂會，慶祝東西德融和，演

席勒

奏的也是《第九交響曲》。

而且是由以拜恩廣播交響樂團為中心，東德西德兩國，以及戰後東西分裂之前管理柏林的美國、英國、法國、蘇聯的樂團一起組成的管弦樂隊演奏。

《第九交響曲》和《歡樂頌》正就是自由與融和的勝利象徵。

宗門忽視這首歌在世界上的普遍性和文化性，指責德語的合唱是「禮讚外道」，社會上的有識之士對此接連提出意見。

以研究尼采等聞名的哲學家、芝浦工業大學教授（當時）河端春雄指出：「硬把人類精神的普遍昇華所帶來的藝術塞進宗教的框框，製造邪教徒而加以定罪，簡直像過去的獵巫行動，是宗教專斷的表現。」（《聖教新聞》一九九一年一月二十四日刊）

河端並談到，席勒說的「神」的意義本來不是「讚頌一神教基督教的上帝」，而是寄託於古希臘神，訴說「人類內在精神的極致、理想」，因為新的思想也只有透過那個時代既存的「某種概念」來表現。

曾在美國持續和ＳＧＩ會員交流的作家、東海女子大學教授（當時）牛島秀彥立足於文化本質，指出：

「文化和宗教是不即不離的關係，兩者並非同義。文化、藝術超越宗教宗派廣泛地扎根於社會，在歷史中吸收、淘汰、融合其他文化，形成人的生活方式。所以，把貝多芬的《第九交響曲》合唱部份定罪為異教徒（我則視為超越宗教範圍的人性讚歌），加以排斥，邏輯上就變成否定世界文化，進而否定人的生活模式。

自己閉門造車賣弄教條很容易，但必須要認識到，那樣不僅絕不能按照日蓮大聖人的遺訓向世界布教，自己還會阻礙世界廣布。」（《聖教新聞》一九九一年二月十日刊）

宗教陷入教條主義，用自以為是的尺度來量度文化或藝術，那就不是為人而有的宗教，而是為宗教而有的宗教。

「現在要回歸人性」——同志痛感新時代文藝復興的重要性。

學會首腦對宗門僧侶的行為也感到痛心。各地會員傳來很多意見，對他們旁若無人的言行、沉溺於遊樂、追求奢華生活的作風表示困惑、憂慮。學會也把這些事傳達給宗門，因為擔心長此下去，宗內荒廢墮落，會造成難以收拾的局面。

大聖人指出，不折伏就是「終日徒事遊戲雜談者，是著法師皮之畜生也」（〈覆松野書〉，御書一四五九頁）。

從學會草創時期，就已經出現宗門僧侶喪失廣宣流布的心志、賣弄袈裟權威的現象。因此，第二代會長戶田城聖以信心的赤誠，屢屢嚴誡宗門僧侶：「貪慕名譽和地位、阿諛奉承財力的徒弟（僧侶），不要對信徒擺架子。」

學會為推進日蓮大聖人遺訓的世界廣宣流布，無論遭受任何壓迫，該說的直言不諱，把該糾正的糾正過來。

一九九一年一月三日，召開全國縣長會議，報告了宗門問題。

會長秋月談到為達成日蓮大聖人的遺訓、整備了符合引領二十一世紀的世界宗教的廣布基礎，學會向宗門提出三項要求：一、適應民主時代，成為向世界開放的宗門，二、遵循日蓮大聖人佛法的根本精神，糾正權威主義，停止蔑視信徒，三、確立規戒僧侶的墮落，少欲知足此聖僧宗風。

伸一和大家一起勤行，呼籲「以使命之人、信念之人的深刻自覺使今年成為了不起的一年！」他下定決心：「無論發生甚麼事情，為了世界廣布，必須守護佛意佛敕的創價學會」，在「和平與擴大年」的這一年，也從年初就奮力激勵會員。

一月二十六日，山本伸一發表第十六次「ＳＧＩ日」紀念倡言。

前一年八月因伊拉克攻打科威特展開了海灣戰爭，一月以美國為首的多國部隊和伊拉克交戰。在倡言中，伸一呼籲早日結束海灣戰爭，並召開由聯合國主持的中東和平國際會議等。

第二天二十七日，他啟程訪問香港、澳門。三十一日，出席亞洲等十四個國家和地區共一千五百名代表在香港文化會館舉行的SGI亞洲會議總會。

會上通過了早日解決海灣戰爭的「緊急呼籲」，強烈盼望早日實現由聯合國主導的和平行動，提議伊拉克表明從科威特撤退軍隊、擬定防止再次戰爭發生方案、召開「中東和平國際會議」、召開「緊急安全理事會」。

信仰的火焰化為建設和平的鬥志火焰。

伸一首次訪問澳門，出席澳門東亞大學名譽教授授予儀式，進行了題為《探求新人類意識》的紀念演講。二月二日，直接飛往沖繩指導，接着訪問宮崎。

踏入三月，他繼續到關西、中國地區和中部鼓勵國內同志。

就在這個時候，一直拒絕和學會協商的宗門突然發表改變對海外組織的方針。

宗門至今除了SGI以外，不承認其他海外的信徒組織，而此次送來通知廢除這一方針。

並且通告，廢除學會的每月登山會，從七月起只許可持有所屬寺院發出的「登山參詣開扉請願書」的人登山，顯然是要瓦解學會組織。

學會員對這單方面的傲慢做法驚訝不已。因為大家都以赤誠的信心持續登山，並且一直為總本山的發展而省吃儉用地供養。

總本山大石寺因戰後改革農地，失去了以前擁有的大部份農地，經濟上遭受嚴重打擊，凋敝至極。宗門為確保生計，計劃把大石寺變成旅遊區。一九五〇年十一月，當地的市長、村長、旅遊協會、新聞記者等齊集總本山，召開「富士北部觀光懇談會」，開始進行具體研究。

戶田城聖得悉後，感到非常驚訝、悲傷，擔憂為了金錢把總本山開放給沒有信仰心的遊山玩水遊客，會踐踏大聖人的精神。他並考慮打開局面的途徑，籌劃定期登山會，兩年後的一九五二年付諸實施。宗門因此擺脫了困境，取得大發展。四十年來，總計七千萬人次參加了登山會。

一直以來，是創價學會員祈願廣宣流布的信心支撐着宗門，總本山才得以興隆發展。學會也為了完善總本山的建設傾注了最大的力量。在戶田第二代會長時代，捐建了奉安殿、大講堂；山本伸一就任第三代會長以後，捐獻了大坊、大客殿、正本堂以及總門、宿坊等總本山的建築和設施。農地改革後，總本山所擁有的土地只有五萬一千多坪，後來擴展至一百一十七萬多坪，相等於當時的二十三倍。這些土地大部份也是由學會捐獻的。對於學會長年外護的赤誠，對於學會員的真心供養，對於青年為確保登山會不出事故而不辭勞苦，宗門不但沒有一句問候和感謝，更開始了要有寺院批准書的登山。

一九九一年七月，宗門正式發表使學會員退會當寺院檀徒的「增加檀徒」方針。

戶田城聖看透宗門的本質，曾說：「只要宗門一有錢，就會除掉學會！」宗門作出了如戶田所說的暴行。

佛法上最嚴重的是「五逆罪」，其中一項就是使佛教團分裂、混亂的「破和合僧」。創價學會是在現實中推進廣宣流布的佛意佛敕團體，而宗門一心要徹底瓦解學會，是犯下大重罪。這是收盡了信徒的供養後就翻臉不認的冷酷卑劣行徑。

宗門還策劃建立違反大聖人教義的法主與「戒壇的大御本尊為不二尊體」邪義，企圖以法主為頂點，用袈裟的權威來支配信徒。

然而，這種既陰險且時代錯誤的本質已經被學會員識破。

九月，日顯被揭露了於兩年前的一九八九年七月，在福島市的禪宗寺院墓地內修建祖先的墳墓，舉行開眼法會。他一面大罵學會謗法，自己卻一面幹出這種事，令大家極為驚訝到極點。

宗門種種腐敗墮落的實際情況也接連為人所知。

此外，宗門的所作所為已經不是日蓮大聖人的佛法。可悲的是，日興上人的精神已被斷絕，富士的清流已完全化作濁流。

山本伸一展望構築東西冷戰結束後的嶄新和平，日日拚命行動。一九九一年四月，伸一訪問菲律賓大學，進行教育文化交流。他出席工商管理學院的畢業典禮，進行了題為《和平與商業》的紀念演講。此日該校授予他名譽法學博士學位。

從六月上旬起，他訪問歐洲。繼德國之後，首次訪問盧森堡，之後到法國和英國。在各國進行文化交流，並且和國家領導人、有識之士會談。他從九月下旬至十月上旬訪問北美，九月二十六日在哈佛大學進行紀念演講，題為《軟能時代與哲學——開啟新的日美關係》。

伸一還在日本國內東奔西走，傾注全力地鼓勵會員。

在這第二次宗門事件中，同志冷靜地看穿宗門既陰險且短見的謀略，鼓起破邪顯正的熱情，勇敢奮戰。

伸一在辭任會長的第一次宗門事件時，徹底將焦點放於每一個同志身上，決心「要

在哈佛大學進行紀念演講（1991 年）

再度打造以廣宣流布為畢生使命的師弟紐帶連結的、堅韌的創價學會」。他投身於個人指導、家庭訪問、少人數的對話、懇談，並參加各種各樣的會議，不斷地鼓勵。

他還盡量和大家一起進餐，把時間用在對話上。他又珍惜寸陰，吟詠俳句或和歌，在紀念紙板和書籍上題詞，不斷鼓勵。

他不惜身命地為了同志的成長和幸福而行動、工作。他祈願大家都成為一人奮起的勇士，拚命給大家灌注廣宣流布的精神。

在這個過程中，後繼的青年也茁壯成長，築起了一座遇到怎樣的烈風也紋絲不動、以金剛不壞的師弟紐帶連結的宏大創價城。而且，此師弟精神也廣泛地聯結起世界同志之心。靈魂在不惜身命的行動中產生共鳴。

每當他出席每月本部幹部會等會議，都會談及日蓮大聖人希望民眾幸福的精神和佛法實踐者的真正姿態等。

伸一有時引用喜劇大師卓別靈的話語，談論為「自由」而奮戰的勇氣的重要，有時通過文豪雨果的《悲慘世界》呼籲「民眾要堅強！民眾要聰明！民眾要奮起！」

並闡述如聖訓所言，遭受迫害是證明學會的廣宣流布奮戰是正確的。從佛法的本義強調，為廣布奮鬥，確信御本尊，徹底實踐佛道的每一個人都是「佛」，為民眾而進行的宗教革命才是正道。又確認「為『一個人的幸福』而盡力的就是佛法」，「太陽佛法平等地普照全人類」，「世界廣布的大道永遠『以御本尊為根本』、『以御書為根本』」等。

從一九八九年八月二十四日第一屆東京總會開始的衛星轉播，成為創價同志齊心跨越日顯等宗門鎮壓的力量。以前一直用電話線路進行聲音轉播，但從這時開始就在全國主要會館的大熒幕播放影像。

伸一懷着和全體同志對話的心情，再次返回佛法的法理和日蓮大聖人的指導這原點，從各種角度明快地論說「甚麼是正，甚麼是邪」、「宗門事件的本質是甚麼」、「人應該怎樣活」等。立足於共同的理解才會產生牢固的團結。

通過衛星轉播，同志深刻、正確地了解到問題的真相與本質，實際感受到伸一只一心一意希望達成廣宣流布、徹底為使命而活的胸懷。大家的心牢固地團結一致，決心無論發生甚麼也不向腐敗的宗門的陰謀詭計低頭，共同為廣布奔走！

一九九一年十一月八日，學會本部收到從宗門寄來《解散創價學會勸告書》的公文。

那是在十一月七日寄出，寄件人是管長兼日蓮正宗最高領導（法主）阿部日顯、總監藤本日潤。收件人是學會名譽會長兼ＳＧＩ會長山本伸一、學會會長兼ＳＧＩ理事長秋月英介和學會理事長森川一正。

文件中主張僧侶和信徒之間，從師弟的立場來看有嚴格的差別，指出學會不敬仰法主和僧侶為師，主張平等，是「破壞『僧俗師弟』關係的邪見」，勸告解散創價學會以及所有的ＳＧＩ組織。

然而，創價學會早在一九五二年已成為宗教法人，並非與宗門為同一宗教法人。這是要徹底完成廣宣流布使命的第二代會長戶田城聖的先見之明。戶田這一英明決斷儼然地守護了正義的學會。宗門從法律上沒有可以勸告學會解散的資格和權利。

敏銳地看透「當宗門獲得了財富，就會拋棄學會！要做好萬無一失的準備」。

學會員對解散勸告書的內容啞然失笑。

「四處說『信徒對法主要信伏隨從，僧侶是信徒之師』這些有利於自己的話，但關鍵是他們做過些甚麼？」「本來就幾乎不做折伏，不去做個人指導使人奮起信心，光是遊玩，這樣的僧侶怎麼能指導徹底為廣布奮戰的學會員！」

在八日這天，東京的婦人部召開「精神復興大會」。在寺院工作的婦人揭發住持和家人的墮落生活、沒有實踐信心的傲慢情況。大家下定決心：「要斬斷袈裟權威的束縛，精神復興、回歸人此原點的時機到來了！」

返回佛法「為人而有」這原點的時機一下子高漲起來。

十一月八日，會長秋月英介等人就宗門送來的《解散創價學會勸告書》召開記者招待會。

他指出解散勸告書的內容毫無意義，並陳述宗門嚴重脫離日蓮大聖人佛法的教義與精神的事實。

又談到宗門對信徒有根深蒂固的蔑視本質，拒絕對話，只是在狹隘的框框中判斷事情，包括批評用德語合唱《歡樂頌》等。並訴說，現在學會所進行的運動是喚醒這種偏狹的權威主義，作為世界宗教傳揚大聖人佛法，進行宗教改革。

秋月還告訴記者，全國的會員感到激憤，自發地展開了要求法主退座的簽名運動。

宗門至今利用葬禮、塔婆供養等貪得無厭的斂財思想、腐敗墮落的享樂情況，仗恃袈裟權威沒完沒了地威脅說「謗法」、「下地獄」等，以使竭盡誠實的學會員聽從支配。學會員對這種種行徑深思熟慮：決不能容許這種事！這些醜態踐踏大聖人佛法正義，與中世紀惡德的神職人員如出一轍！

他們開始發聲：「是為了甚麼而有的宗教？是為誰而有的教義？」伸一一貫主張無誤的信心軌道：「回歸御本尊此根本！」「回歸日蓮大聖人的精神！」「回歸御書此原典！」

宗門的強權主義、權威主義日趨明顯，同志深深自覺，必須復興大聖人的根本精神，進行為人的宗教革命，向世界廣布前進。覺醒的民眾力量化作新改革的浪潮，回歸大聖人精神，重新審視至今的葬禮、戒名等傳統的做法。

關於葬禮，學會也回歸日蓮大聖人教導的本義，探究其形式和歷史的來龍去脈，舉行不由僧侶主持的同志葬、友人葬。

日蓮大聖人教示：「是以，過世之慈父尊靈，其存生中唱南無妙法蓮華經，已作即身成佛之人矣。」（〈覆內房夫人書〉，御書一四九八頁）

「故聖靈既為此經行者，即身成佛無疑。」（〈覆上野遺孀女居士書〉，御書一五八八頁）

這些御文指出成佛取決於故人生前的信心、唱題。大聖人的指導中沒有「不由僧侶主持葬禮，故人就不能成佛」的觀點。

關於戒名，那本來是受戒名、出家名，是生前賦予的名字。大聖人時代並沒有死後賦予戒名的做法，宗門不過是沿襲了後世形成的習慣。戒名和成佛完全沒有關係。

大聖人佛法不是葬禮佛教，而是為了一切眾生能夠三世度過幸福人生的宗教。各地的學會墓地公園基於這種佛法生命觀、生死觀，設計都顯現出平等明朗的氣息。

學會實施同志葬、友人葬，得到大力讚揚。非學會員的朋友也盛讚。

「葬禮往往被悲哀籠罩，陰氣沉沉，但學會的友人葬清爽、明朗，即使前往冥途也讓人感到希望。或許可以說這表現了創價學會對生死觀那正面積極的態度。」

「如今甚麼都利用代辦業，葬禮請和尚誦經是始作俑者。但是，我們自己祈求故人冥福，誦經唱題，感受到大家深切的真心。這才是送別故人的應有方式吧。」

關於同志葬、友人葬，一位學者這樣說：「給日本的喪葬儀式帶來突破性的變革。」「正因為走在時代前面，可能會遭到部份抱有舊想法的人反對，但顯而易見，這會扎下根來，形成葬禮的另一主流。」「僅僅三十年，已經快要越過在日本扎根三百年的檀家制度，學會的發展和速度簡直是奇蹟。」

第一次宗門事件後，宗門的權威主義本性再次抬頭，各地學會員奮起進行基於佛法本義的「平成宗教改革」。

而且以宗門對學會提出《解散勸告書》為契機，同志的改革意志形成洪流奔騰。那就是要求違背日蓮大聖人正法正義、破壞廣宣流布和合僧的阿部日顯法主退座的簽名運動。

十一月十八日「創價學會創立紀念日」之前，在短短不過十天，簽名人數已達到五百萬人。這擴展的氣勢生動地說明了同志對於極為無理的行徑非常憤怒。

同時，創價的寶友強烈地感受到大聖人的「民眾佛法」在全世界興隆之時已經到來。這是由於「三類強敵必來無疑！」（〈如說修行抄〉，御書五二六頁）的金言已經成為現實。

學會多次遭受三類強敵中的俗眾增上慢的迫害，即那些對佛法無知的在家信徒惡言謾罵等迫害。還受到道門增上慢，即不探究真實佛法而固執己見的僧侶的迫害。

但佯裝聖人的高僧心懷惡意、施加大迫害的僭聖增上慢未有出現。可是現在，法主日顯對佛意佛敕的廣宣流布團體創價學會發動鎮壓。這正是學會在現代修行《法華經》，努力依照金言實踐的證明。

在學會本部收到宗門寄來的《解散勸告書》的三星期後的十一月二十九日，又有另一封公文寄到本部，寫着《創價學會逐門通告書》。

宗門送來勸告書，要求學會解散，但因為學會不順從，所以把學會「逐出宗門」。

對於「接受創價學會指導，並與其同一步調的所有SGI（國際創價學會）組織以及相關組織」也同樣被「逐門」。

在初代會長牧口常三郎時代入會、戰後在第二代會長戶田城聖跟前從學會重建時期奮戰過來、一直看着宗門實際狀況的資深幹部譴責日顯等的卑劣謀略。他們是最高指導會議議長泉田弘、參議會議長關久男、副議長清原勝等。

泉田萬分驚訝地說：「到底是要把誰『逐門』了？通常『逐門』是對人進行的，卻說把學會和SGI組織『逐門』。還呼籲各會員退出學會，就保留其宗門信徒的資格。結果完全暴露了其爭奪學會員跟從寺院的陰謀。

宗門的權威主義、利己、怯懦、狡猾一如既往。完全沒有信心，所以戰爭期間接受神符，甚至刪除御書文段。動不動就威脅說不向學會員授予御本尊，把信仰的對象御本尊當作支配信徒的工具。

必須注意的是他們一直在挑撥、離間創價師弟。

建立宗旨七百年（一九五二年）慶祝紀念登山時，學會青年讓戰爭期間主張神本佛迹論邪義的惡僧笠原慈行在牧口先生墓前謝罪，宗門的宗會那時也曾對戶田先生作出罷免大講頭、停止登山等決議。這是圖謀處分戶田先生一個人，離間同志，分裂創價師弟，使學會員隸屬於宗門。」

創價學會是以廣宣流布為使命的地涌菩薩的團體，其生命線就在於師弟。所以圖謀破壞廣布的第六天魔王會利用各種各樣的方法來分裂創價師弟。

泉田弘等草創時期的幹部清楚知道宗門的腐敗與蔑視信徒的本質，決心現在正是奮戰之時，率先抗議宗門。

只有身經百戰的前輩用自己的實踐言傳身教，才能把學會精神徹底傳授給年輕的一代。培育後繼的同志是前輩的使命和責任。

泉田氣宇軒昂地斷言：「宗門如此踐踏大聖人佛法，很明顯已經變成了謗法之宗，逃不過開宗兩祖的斥責！」

同志的心情敞亮了。「這就不必顧及玩弄權威又陰險的宗門，可以爽朗地向世界廣布邁進。」——這是大家的心境。

逐門通告書送達的二十九日，在東京千駄谷的創價國際友好會館舉行授予ＳＧＩ會長山本伸一「教育、文化、人道貢獻獎」的儀式。這是在東京設有大使館的非洲外交使團二十六個國家一致通過頒發的，十九個國家的大使（臨時代理大使）等和非洲人國民

OUR HEARTFELT WELCOME TO THEIR EXCELLENCIES
AMBASSADORS FROM AFRICA!

大會（簡稱「非國大」，ANC）駐日代表亦有出席儀式。非洲各國大使、大使館代表如此共聚一起訪問會館是非常罕見的。

使團團長的加納大使在致辭中，讚揚伸一以及SGI在世界和平上的功績，提到對廢除種族隔離的貢獻等，以及通過創價大學、民音促進了非洲和日本的教育、文化交流等聯繫。SGI是一個共同擁有人類理想的「世界公民團體」。

他進而強調：「我們堅信，選擇SGI作為實現共同理想的夥伴是正確的。」

加納大使又對山本伸一說：「不論從哪一方面來看，您都是『真正的世界公民』，對日本來說是『最出色的大使』。」

非洲大陸有長期苦於壓迫、歧視和重重困難搏鬥的歷史。對於大使那出自從艱苦中培養出來的敏銳洞察力的評價，伸一更加加強決意。

接着，大使向伸一頒贈「教育、文化、人道貢獻獎」，場內響起祝福的掌聲。證書上寫着如下的授予的理由：

「閣下通過教育、文化、人道主義的行動、民族平等和尊重人權、救助貧困和精神鼓勵，以及發揚人性的獻身行動，推進世界和平。東京非洲外交使團謹此讚揚閣下的功績，以及證明閣下為人類服務的行動中閃耀的卓越人性光輝。」

伸一面對麥克風說：「今天是無比感動的歷史性的日子」，然後介紹學會自創立以來，為維護人的尊嚴與平等而奮戰，第二代會長戶田城聖提倡「地球民族主義」，並決心和正在向「民眾勝利」邁進的「二十一世紀的非洲大陸」進一步交流。

曼德拉議長也託出席頒獎儀式的非洲人國民大會駐日代表傳達問候：「請代我問候SGI會長，衷心祝願他健康。」

伸一向外交使團的每個人道謝，緊緊握手，歡送他們離去。

只要打開「教育之路」、「文化之路」、「人道之路」，真正的佛法精神就能在世界廣泛地搏動。佛法精神的人本主義、和平主義超越一切障壁，聯結起「人」和「人」。這正是信仰佛法者的正確實踐，是二十一世紀的世界公民運動的目標。

指向「人權的勝利」，此日莊嚴地揭開新時代的帷幕。各國大使的真心祝福也是對堂堂實現了「精神獨立」的創價未來寄予喝彩與期待。

頒獎儀式第二天的三十日晚上，「創價學會精神復興大勝利紀念幹部會」在全國各地隆重舉行。山本伸一出席創價國際友好會館的聚會。

為紀念學會新出發的這一天，他吟詠俳句贈給全國同志。

天之時
終於到來
創價王

會長秋月英介在紀念幹部會上介紹這首俳句，解釋「創價王」的意思是全體創價學會員都是信仰的「王者」。

然後他明確指出日顯等宗門的本質。

「宗門犯下種種謗法行為，已經變成了『日顯宗』，絲毫沒有把學會逐門的資格。犯下大罪的日顯法主必將被大聖人嚴厲審判。」

「可以斷定，由於這次妨礙廣宣流布前進的『破和合僧』行為，宗門一定被日蓮大聖人逐門。」

「宗門逐門的本質是陰險地迫使學會員成為檀徒的策略，圖謀更進一步讓學會分裂的野心一點都沒有變。我們必須看穿這一本質。」

他大聲吶喊：「就是說，我們現在從信心上斬斷陰險的惡魔鐵鎖，能夠自由自在地向世界廣布邁進。今天我們要作出贏取了『精神自由』的創價復興『大勝利宣言』，大家贊同嗎？」

熱烈的歡呼聲和掌聲響徹會場。

秋月又拜讀御書：「須致強盛之大信力，唱南無妙法蓮華經，祈念臨終正念。生死一大事血脈，此外全不可求。」「若無信心之血脈，雖持法華經無益。」（〈生死一大事血脈抄〉，御書一四〇七頁）

然後，他強調：「信心是『血脈的本體』，當佛力、法力和我們的信力、行力這四力齊備時，就必然顯現御本尊具有的功德，『強盛的信力』有無量功德。讓我們一同用實證來展示這一點！」

接着秋月宣佈在各縣、區設置儀典部，負責同志葬禮、友人葬禮。並報告了全國、全世界進行要求日顯法主退座簽名運動的人數總計已達到一千二百四十二萬人，指出來自全世界的民眾憤怒之聲就擺在眼前。

集會的同志用熱烈的掌聲表示贊同。人人感受到世界廣布的「天時」。在宗教革命的新歷史舞台上作為主角奮起的喜悅，使大家熱血沸騰，摩拳擦掌。

到了山本伸一講話。

「因為今天突然召開『祝賀聚會』，我也同來慶賀。」這句幽默的開場白引起哄堂大笑，響起掌聲。這是明朗、輕鬆的喜悅與決意高漲的聚會。

伸一就宗門十一月二十八日給學會送來的逐門通知書這樣說：

「十一月二十八日成為了歷史性的日子。『十一月』是創價學會創立的月份，『二十八日』與《法華經》二十八品的『二十八』相通，正巧就成為最符合『精神獨立紀念日』的日子。」

熱烈的掌聲又震響場內。

人人都從「精神獨立紀念日」這個詞語裏感覺到無限的未來與無限的希望。

伸一再次明確了學會按照日蓮大聖人的教導，以不惜身命的精神實現妙法廣宣流布，鏗鏘有力地說：

「再也沒有比創價學會做更多的折伏弘教，更努力在世界上宣揚正法的團體了。而今後就是正式的舞台。

戶田先生曾說，確信『創價學會佛』這名字必會儼然記載在未來的經典中。」

的確是佛意佛敕的創價學會，為廣宣流布拚命地揮灑汗水的每一位學會員都是佛。不是有「宗教」才有「人」，而是有「人」才有「宗教」。「宗教」是為了使「人」獲得幸福。若顛倒了這個道理，產生錯覺，那一切就會錯亂。——伸一指出宗門的根本錯誤所在，展望未來。

「日蓮大聖人的佛法是『太陽的佛法』，是普照全人類的『世界宗教』。從一切觀點來看，我們信奉這偉大佛法，我們的前進都該具備『世界性』和『普遍性』。絕對不可閉門造車。」

御書說：「日出於東方之空，而南浮之空皆明。」（〈善無畏三藏抄〉，御書九一七頁）「南浮」是南閻浮提，意味着世界。太陽的日蓮佛法衝破一切不幸的陰雲，向全世界普照幸福之光。

伸一根據有識之士對宗門事件的意見，談到世界宗教的條件。

那包括「具民主的開放教團管理」、「嚴格遵守『信仰基本』、保障『言論自由』」、「『信徒參與』、『尊敬信徒』的平等主義」、「非『儀式為主』，而是『信仰為主』」、「不採取血統繼承，而是開放地培育人才」、「教義應有『普遍性』，傳教須『因應時代』」。

他還介紹了戶田城聖的指導：「我們學會是通過御書，直結日蓮大聖人。」強調學會永遠以御書為根本，按照大聖人的佛意佛敕，立下「大法弘通慈折廣宣流布」的大願，持續奮鬥。

然後他談到不需要任何人介於大聖人和我們之間，領導人的使命，就是幫助每個人直結大聖人。

牧口初代會長、戶田第二代會長按照本佛的遺訓貫徹死身弘法，教示了作為大聖人門下的信心。創價師弟、同志、組織都是為了讓大家以御書為根本，互教互學大聖人的精神、正確的信心而有的。

接着他確認了創價學會向未來、向世界開拓廣宣流布潮流的使命。

「日蓮大聖人在〈御義口傳〉中教導：『今，日蓮所唱南無妙法蓮華經，是使末法一萬年之眾生，悉皆成佛者也。』（御書七五二頁）大家要確信，遵照大聖人的教導邁進的人都能成佛，要滿懷宏大的希望向萬年的未來出發。

日興上人也留下『本朝聖語，廣宣之日，亦可譯假字通於梵震也』（〈破五人抄〉，御書一七〇五頁），意思是如同過去印度釋尊的教導被翻譯成漢語和日語，在廣宣流布之時，也可以把大聖人的尊貴說話、用平假名書寫的御書翻譯，流布至印度和中國。

只有創價學會按照這教導，正確地翻譯御書，流布佛法至全世界。學會遵照日興上人的精神以御書為根本邁進。宗祖大聖人、日興上人必定萬分高興，給予稱讚。」

他又拜讀〈日興遺誡置文〉中的一節：「雖為當時貫首，若違佛法，私構己義，不可用之。」（御書一七〇九頁）這是嚴誡，即使是當時的法主，如果違背佛法，擅自提出教義，就不可用。

伸一說，要永遠遵照這遺誡，直結大聖人，踴躍地向世界廣布邁進。

最後他呼籲：「大家要秉持『世界第一的明朗』和『世界第一的勇氣』，向建設『世界第一的創價學會』邁進。然後一同迎接西曆二〇〇〇年、大勝利的學會創立七十週年！」

充滿決意的掌聲震撼會場。

全國、全世界的同志作為創價復興的勇士踴躍奮起。

人人胸懷「日蓮慈悲曠大，南無妙法蓮華經，萬年之外，必流布至未來而無盡」（〈報恩抄〉，御書三四八頁）的聖訓，開始了世界廣宣流布新長征。

同志共同誓約：「決不脫離學會教導的正確信心軌道」、「永遠和學會共同前進，開闢絕對幸福的人生」、「決不讓友人被惡緣所牽動、留下三世之悔。」大家加強異體同心的團結，颯爽、愉快地奔向二十一世紀，奔向「生命世紀」。

收到宗門逐門通告的公文大約一個月後的十二月二十七日，學會給日顯發出《退座要求書》，和包括世界各國在內的超過一千六百萬人支持的簽名冊。這嚴正的事實將永遠銘刻在廣布史上。

這一年十二月，學會在東京的江戸川、葛飾、足立區以及神奈川的川崎等地方舉行文化音樂節。富士鼓笛隊、富士學生輕音樂團、富士學生合唱團等盛大地舉辦演奏會。其中也有把《歡樂頌》填上歌詞，自豪地歌唱《創價歡喜凱歌》的活動。

伸一盡可能出席、欣賞文化音樂節，同時鼓勵會員。

同志朗朗的歌聲是希望的號角，宣告新一年一九九二年「創價精神復興年」開幕。

回看一九九一年，確實是激盪的一年，但也是學會「精神獨立」之年，新生創價學會的誕生之年，以及向世界宗教飛翔之年。

如今創造人類和平與幸福的大創價城威嚴地聳立。迎來世界廣宣流布的時代，化為「惡鬼入其身」的宗門顯露其魔性的真面目，自己背離創價學會。不可思議的時刻到來了，這一切都是佛意。

「創價精神復興」的鐘聲震響。一九九二年元旦，山本伸一在學會別館和各部代表勤行、唱題，然後激勵大家，開始了新一年的奮戰。

五日，他在新春幹部會上談到「無論對誰人也要溫暖地予以鼓勵，這是指導的第一步」，呼籲大家開始新的出發。

這一年，接二連三有僧侶脫離宗門，也有僧侶提交「勸諫書」，指出日顯為首的宗門的所作所為違背日蓮大聖人佛法。

宗門在這年八月作出除去伸一信徒身份的處分。相信他們正在絞盡腦汁要分裂創價師弟，然而學會員對這些舉動毫不理睬。

宗門與學會分離，信徒人數大減，走向沒落。

宗門把學會逐門後，也不再授予學會員御本尊。在這種情況下，枥木縣有一所脫離了宗門的淨圓寺，住持成田宣道向學會提出用該寺所收藏的日寬上人書寫的御本尊，作為「御形木御本尊」，繼續向學會員授予。

一九九三年九月，學會在總務會、參議會、教學部最高會議、縣長會議及負責人會議上決定，作為遵照日蓮大聖人的遺訓進行廣宣流布的唯一佛意佛敕團體，在繼承「信心血脈」的和合僧團的資格上接受這項提議，今後向全世界會員授予這御本尊。

另一方面，宗門於一九九五年以「抗震」為藉口拆除大客殿，又於一九九八年六月強行破壞堪稱八百萬信徒真誠供養的正本堂。日顯接連破壞了伸一發願捐建的、彰顯先師日達法主事蹟的建築物。

一九九二年「創價精神復興年」的一月末，伸一踏上訪問亞洲之旅。當想到「現在東西冷戰結束，正是為世界架設和平橋樑之時」，他毫不遲疑。

伸一相隔四年重訪泰國，在吉拉達宮拜會普密蓬·阿杜德國王，暢談文化、和平、藝術。國王被讚頌為「文化大王」，藝術造詣很深，有豐富的教養與學識，廣為人知。一九八八年，與國王第一次會見時，伸一建議舉辦國王的攝影展。這個提議在一九八九年得以實現，以東京富士美術館為首，在日本、美國、英國三國舉辦，廣獲好評。

此次會見，伸一建議舉辦國王作曲的作品特別演奏會。第二年的一九九三年十一月，在創價大學講堂舉行紀念國王、王妃正式訪問日本三十週年的特別演奏會。

第三次會見是於一九九四年，伸一建議舉辦以國王繪製的畫作為主的特別展覽，也在東京、名古屋、大阪三個城市分別舉辦。

伸一在泰國也一直鼓勵同志。

鼓勵之心、鼓勵的行動，就是佛法。通過人的行動，佛法的人本主義燦然輝耀。

會員以國王和伸一的友誼為榮，努力為社會作出貢獻，踏實地贏得信賴。泰國創價學會在微笑的國度擴大幸福的花園，飛躍發展。

在印度，伸一接連和拉馬斯瓦米．文卡塔拉曼總統、尚卡爾．達亞爾．夏爾馬副總統、甘地入室弟子印度國立甘地紀念館比香巴爾．那茲．潘迪副議長等會談。

伸一又接受甘地紀念館的邀請，進行了題為《邁向沒有戰爭世界——甘地主義與現代》的演講。

他也出席了印度會員舉行的文化節。同志們茁壯成長，決心要成為年輕的人才森林。釋尊誕生之地尼泊爾也有同志到來，和大家合影留念。伸一彷彿聽見新黎明之歌。

伸一又從印度到香港訪問，和衛奕信港督會談。各項事情完成後，於二月二十二日回國，前往沖繩。

這次訪問亞洲是學會實現了「精神獨立」之後的第一次海外和平之旅。在佛教發祥地印度、泰國、香港，會員在社會上深深扎下信賴與友情的根基，活躍地展開和平、文化、教育運動。伸一展望未來，全力進行世界廣布的新部署。

在沖繩，亞洲各國和地區的代表前來參加從二十五日在恩納村的沖繩研修道場舉行為期三天的「第一屆ＳＧＩ亞洲總會」。伸一連日出席總會，竭盡全力地鼓勵會員。

於總會第二天的勤行會上，宣佈在印度的新德里附近開設創價菩提樹園。伸一遵照日蓮大聖人希望民眾幸福的精神，與會員確認信仰是為了自身盡情地活到底，這樣說：

「完全沒有必要因為信仰而拘束自己的心，束縛自己。另外，指導時也不能使人心情沉重，失去喜悅。

勤行、唱題做了多少，自己便得益多少。不做也不會受罰。如果不做會受罰的話，不是一開始不從事信心的人會更好嗎？

大聖人教導，對妙法的信心之『心』，一遍的題目，有無量的功德。這樣的確信，以喜悅的心情主動積極地勤勵於佛道修行的一念，能無限地提升自己的境界，積累福運。信心絕不是義務，而是自己本身的最高權利。這微妙的一念轉換就是信心的要諦。」

他希望大家作為創價家族，體會到信心的喜悅、妙趣，聰明而快樂地在廣布大道前進。

在第一屆ＳＧＩ亞洲總會第三天的二十七日，有來自亞洲十五個國家和地區的二百五十名代表和沖繩等地的日本同志參加，盛大地舉行了包含本部幹部會、沖繩縣總會意義的亞洲總會及和平音樂節。

適逢沖繩回歸日本二十週年，同志洋溢着「使沖繩諸島變成常寂光土，變成永遠的幸福島」的決心；而且重新誓言：「沖繩是亞洲的大門，要從這裏發送立正安國的哲學！」

來自亞洲各地的會員也加強了「必須同心合力、締結友好與信任的紐帶、奠定和平交流的基礎」的信念。

音樂節上印度男子部長用英語宣讀SGI《亞洲宣言》。

「我們亞洲SGI會員宣言以下三點：

一、重視本國的文化、傳統，為社會的繁榮拿出『信心即生活』的實證！

二、積極開展立足於全球主義的國際性文化交流、教育交流！

三、努力協助建立以聯合國為中心的新和平秩序！」

全場用贊同的掌聲一致通過了宣言。

接着沖繩音樂隊和鼓笛隊奏響輕快的短曲《亞洲的黎明》，繼而馬來西亞、印尼、菲律賓、新加坡等會員身穿民族服裝演出喜悅的舞蹈和合唱，充滿了自由自在為廣布而奮戰的躍動感和青春活力。

最後出場的是以沖繩回歸之年（一九七二年）出生的二十歲的會員為主的二百人合唱團，高歌《地涌行進》、《我們的沖繩是美麗島》。也有人隨着音樂節奏即興跳起了沖繩的傳統舞蹈「琉球手舞」。

伸一聽到縣幹部説表演的是二十歲的青年，雙目生輝。

「了不起呀！青年都是珍寶。只要青年意氣風發地勤勵於信心，未來就會穩如磐石。你們要重視年輕的力量，像擁抱每個人一樣，磨練、培育他們成長起來。若對他們置之不理，人便不會成長。

前輩要和後輩一起祈求，一同鑽研御書，共同家訪和弘教，徹底教導信、行、學的基礎。重要的是，必須耐心地照料他們。

而且，像這次的音樂節一樣，要讓青年登上舞台，使他們能夠學習如何有效地發揮自主性、主體性，盡情地發揮力量。

他們的成長姿態就是未來沖繩創價學會的縮影。

把後輩一個又一個地培育成比自己出色的人才，那才是偉大的領導人。現在認真培育青年，使之形成傳統，二十一世紀的沖繩必會堅如磐石。」

配合着充滿年輕人的熱和力的歌聲，場內與會者接二連三地跳起舞來，沖繩傳統舞蹈的圈子變得越來越大。

雖然各國的會員有着不同的歷史和文化，但大家所抱持的亞洲之心、和平之心融合為一。

伸一面對麥克風說：「這裏花盛開，海遼闊，陽光耀眼——沖繩研修道場是『春光爛漫』的地方。」場內頓時響起了熱烈的掌聲。

這是因為學會斬斷了邪宗門的枷鎖，喜氣洋洋地展開創價新的大行進，眾人充滿歡喜的心互相迴響。

他在講話中宣佈，決定在菲律賓建設研修道場，亦繼香港之後在新加坡開辦創價幼稚園。全都是充滿希望的喜訊。

他談到，沖繩過去曾被叫作「萬國津梁」，肩負着聯結各國的橋樑的重任。在沖繩召開的亞洲總會是朝向二十一世紀，揭開了哲學、文化、和平的「大交流時代」序幕。

伸一一邊講話，一邊在心裏深思：「希望亞洲民眾幸福、和平的戶田先生要是看見這次總會，會是多麼高興啊！」

沖繩洋溢着「生命是珍寶」的尊重生命的精神和「四海之內皆兄弟」這豁達的友情風氣。

琉球的著名領袖蔡溫説過：「身命比任何寶物還要珍貴，必須要好好保養。」（《宗教的世界：從古典看沖繩歷史》，高良倉吉著）

可是，在那場太平洋戰爭中進行了悽慘的地面戰，犧牲了很多縣民。

每當想到沖繩，伸一都痛感國土的宿命轉換和實現立正安國的重要性。

伸一在就任第三代會長兩個半月後的一九六〇年七月十六日首次訪問沖繩，也因為這一天是日蓮大聖人提出〈立正安國論〉的日子。他希望沖繩同志奮起，成為立正安國的先驅，建設永遠和平繁榮的樂土。

第一次訪問沖繩時，伸一巡視了南部戰爭遺蹟，聽着同志講述悲慘的戰爭體驗，讓他痛心疾首。他在心裏深深發誓：「要把沖繩變成幸福島、廣宣流布的勝利島！為此我要和沖繩同志一起奮戰！」

對照佛法的法理，最不幸的人擁有變得最幸福的權利。

一九六四年十二月二日，伸一在沖繩動筆書寫小說《人間革命》，以「沒有比戰爭更殘酷！沒有比戰爭更悲慘！」這句話開頭，也是這一決心的證明。

「一個人偉大的人間革命，將能轉換一個國家的宿命，進而能夠轉換全人類的宿命」——這部小說的主題就是恩師戶田城聖明示的建設和平的原理。

一九七七年，沖繩研修道場落成。這裏曾經是美軍的「梅斯B」基地，發射台上的導彈對準亞洲。伸一想，那就把這裏變成向世界發送和平的基地吧！

最初建設沖繩研修道場時，是計劃拆除導彈發射台的。

伸一聽後提出建議：「大家認為把發射台作為人發動愚蠢戰爭的歷史證據留下來怎

麼樣？而且要使這個研修道場成為世界和平的象徵！」

研修道場建成，在發射台上設置了六座指向未來的青年銅像，並把開拓永久和平的決心化成「世界和平之碑」。道場內，緋寒櫻、三角梅、朱槿等百餘種花草競相開放。過去的梅斯B基地如今成為眾多同志聚集，共同立誓為廣宣流布、世界和平前進的地方。

日蓮大聖人教導：「云淨土，云穢土，土無二隔，只因我等之心有善惡耳！」（〈一生成佛抄〉，御書四〇五頁）這是斷言，國土本來並不存在差別，因應住在那裏的人的心和一念，能夠把自己所住的場所變成最好的環境。換句話說，作為一切主體的人自身的生命進行變革，就能建構和平而繁榮的社會環境。

大聖人畢生貫徹「立正安國」的實踐。「立正」是指通過廣宣流布在人們心中樹立佛法此生命尊嚴和慈悲的哲理。而「安國」是指作為立正的歸結，實現社會繁榮與恆久和平。

因此，實踐佛法者的宗教使命——「立正」即廣宣流布，必然與「安國」這一社會使命的行動相互配合。沒有「立正」就沒有真正的「安國」，沒有「安國」則無法完成「立正」的實踐。

創價學會的同志自豪地發揮使命，堅定地站在現實的大地上，跟一個又一個人掀起對話的浪潮，以和平為目標，持續漸進的立正安國前進。這才是真正的民眾勝利之路。

伸一向聚集在沖繩研修道場的亞洲同志、沖繩同志，還有透過衛星轉播參與的日本全體同志發出呼籲：

「我們創價家族，以『誠實』、『平等』、『信賴』團結起來，永遠前進；是沒有國界，沒有民族的差異，沒有任何隔閡，以人本主義連結的如此美好的『地球家族』，我堅信在其他地方再也無法找到！我們要作為最頂尖的國際人，向新的精神復興、新的宗教改革大舞台起航。」

接着他更強而有力地說：「新時代的廣宣流布也是艱險的道路，不秉持『賢明』和『堅強』就不能贏得勝利與光榮。佛法講勝負，人生也講勝負。一切都講求勝負，所以必須要取勝。敗北就不能守護同志，不能保衛正義。

堅決守護大家、使大家幸福——要成為這樣的『堅定』到底的『勝利的領導人』！」

信誓的掌聲雷動。

訪問沖繩之後，伸一時隔十年又來到大分縣，在縣總會上指揮合唱學會歌。第一次宗門事件時正信會僧侶殘暴地攻擊學會，大分的同志勇敢地吶喊創價的正義，在這次的第二次宗門事件中也屹立不動。

大家已非常清楚陰險的宗門僧侶的本質、攻擊學會的卑劣手法。對照御書，充份自覺到「第六天魔王終於競起了！豈能屈服！」

由於跨越了第一次宗門事件，同志更加強了「堅決和創價學會一同向廣宣流布前進」的決心和對信心的確信。

聖訓說：「強敵之人較之我黨之人，更能益我而使我成就也。」（〈法華行者聖蹟記〉，御書九四九頁）通過喚醒難、與難戰鬥、跨越難大大地實現飛躍，就是創價學會的光榮歷史。

山本伸一奮力為廣布奔走。

「我們從權威主義、教條主義的宗門枷鎖解放過來，現在就要構築世界廣宣流布既宏大且堅實的基礎。時機已到！新時代的希望早晨已降臨！」

他為了在二〇〇〇年，也就是二十世紀裏完成部署，決心竭盡全力奔走世界。二十一世紀開幕之年，伸一將是七十三歲。他考慮到在八十歲之前要奠定世界廣布的基礎。

一九九二年六月上旬至七月上旬，伸一出訪德國等歐洲三國和埃及、土耳其。在德國的法蘭克福，有波蘭、捷克斯洛伐克、匈牙利、保加利亞等中歐、東歐、俄國十三個國家的會員代表參加，舉行歷史性的聯合會議。

伸一提及戶田城聖先生對東歐、俄國的民眾深表關切，尤其對一九五六年的「匈牙利十月事件」極為痛心，說：「實在太可憐了，那裏的民眾飽受痛苦啊！」

他勉勵在場的同志：「為了轉換這種悲劇，戶田先生呼籲我們青年，確立堅定的生命哲學，以人本主義的行動來聯結世界。我將先生的這些構想一個又一個地實現過來。如今在先生曾憂慮的匈牙利等東歐、俄國的天地誕生了這麼多地涌菩薩！」

無論哪個國家都期待着日蓮佛法。

十月，伸一實現了第八次訪華。訪華期間，中國社會科學院向他頒贈了該院第一個名譽研究教授的學術稱號。

伸一進行了題為《二十一世紀與東亞文明》的演講。內容論及東亞共同的精神性特徵「共生的道德氣質」，強調世界需要人和人、人和自然「共生」的思想。

學會把一九九三年定為「創價精神復興勝利年」。

山本伸一從一月下旬訪問北、南美兩個多月。

他在美國加利福尼亞州的著名學府克萊亞蒙特·麥肯納大學進行了題為《探索新的統合原理》的特別演講。

伸一談到，在探索世界新統合原理之際回歸「人的整體性」是關鍵，為此需要「寬容與非暴力的『漸進主義』」與「開放的對話」，並談到佛法所說的以佛界、菩薩界作為人生根基的生存方式。

為演講擔任講評的是諾貝爾化學獎、和平獎得主萊納斯·鮑林博士。鮑林博士評價「演講提到的菩薩精神正是使人類獲得幸福的精神」，並高聲宣言「我們有創價學會！」

此外，伸一在創價大學洛杉磯分校和公民權運動之母羅莎·帕克斯會談。

——她是非洲裔美國人，一九五五年毅然抗議當時連巴士座位都分人種的歧視。這就是「巴士抵制運動」的起點，最後贏得了廢除種族歧視制度的勝利。

伸一和青年讚揚她的人權鬥爭，迎接她時高聲説：「熱烈歡迎人類的瑰寶、世界的母親！」夫人峯子還準備了蛋糕，祝賀她即將到來的八十歲生日。

在博愛人的心與心共鳴的交談中，她談到有一本相片集將會出版。那是邀請一眾名人各選一幀影響人生最深的照片彙編成書。帕克斯告訴伸一她入選了，然後這樣説：

「本來想選一張巴士抵制運動時的照片，但現在改變了想法。和會長相遇才是給我人生最大影響的事情。為了世界和平，我要和會長一同啟程。可以的話，我很想將今天和會長一起拍的照片放進相片集裏。」

帕克斯提出在相片集裏使用和自己談話的照片的要求，讓山本伸一受寵若驚。

日後帕克斯寄來了出版的相片集。如她所言，使用了和伸一握手的照片。「公民權運動之母」那和善而美麗的笑容無比燦爛。

介紹文開首這樣寫道：「這張照片是在談論未來。無法想像在我人生中還有比這一刻更重要的瞬間。」（《談照片》，海佛曼、基斯馬利奇著）她還說，即使文化不同人們也能共同前進，而這次相會是「為了邁向世界和平的嶄新一步」。

山本伸一在這次美國訪問，參觀了洛杉磯的「寬容博物館」。

該博物館的展覽將焦點放於世界各地踐踏人權的歷史，以及人類史上最大規模的大屠殺（猶太人大屠殺）的歷史上。伸一參觀館內，看到猶太人受難的殘酷，對博物館的相關人員說：

「參觀貴館時我很『感動』。不，更是『憤慨』！不，更是引起了對未來深深的『決意』，那就是『決不容許這樣的悲劇在任何國家、任何時代重演』。」

來自民族、思想、宗教等不同的歧視和壓制，還有允許這些行為的人心——那裏有潛藏在生命中的魔性，跟這種魔性戰鬥就是佛法實踐者的使命。

初代會長牧口常三郎在戰爭期間和推行思想統制以實施戰爭的軍部的鎮壓搏鬥，死在獄中。一同被捕的第二代會長戶田城聖戰後高舉「地球民族主義」的理念。兩人的師弟行動是與分裂人的一切「非寬容性」的鬥爭。從另一個角度來看，廣宣流布也是建構並擴大人權的網絡。

二月六日，山本伸一從美國的邁阿密前往哥倫比亞共和國。這是應塞薩爾·加維里亞·特魯希略總統以及文化部的邀請，第一次訪問哥倫比亞。加維里亞於一九九〇年八月就任總統，當時四十三歲，是該國歷史上最年輕的總統，致力於消滅恐怖活動，打擊毒品組織。

伸一一行從邁阿密出發前，哥倫比亞首都聖菲波哥大市（後來的波哥大市）的繁華大街發生汽車炸彈襲擊，造成市民受傷及喪生。當時毒品組織的恐怖事件接二連三發生，國內宣佈進入緊急狀態。

伸一要在哥倫比亞出席東京富士美術館收藏的「日本美術珍寶」展開幕儀式等活動。

這也包含答謝三年前在日本舉辦「哥倫比亞大黃金」展（東京富士美術館主辦）的意義。

總統府徵詢伸一訪問事宜，他當即回覆：

「請大家不必擔心，我會按原定計劃訪問貴國。我要作為最勇敢的哥倫比亞國民之一來行動。」

這就是伸一的誓言。

四年前比爾希略・巴爾科總統（當時）訪問日本，授予伸一該國「功勞大十字勳章」，當時伸一說：「我們也要以『同為國民』的精神為貴國作出貢獻。」

無論發生甚麼事，他也要永遠用信義來回報信義。因為這是友情之道，為人之道。

抵達哥倫比亞第二天的七日，成立了支部，伸一和會員合影留念，予以激勵。

八日，伸一到總統府納里尼奧宮拜會加維里亞總統夫婦，向總統贈送了一首長詩，讚揚這位年輕的偉大領袖的勇氣與行動，並祝福哥倫比亞的未來說：「願貴國光榮！」

加維里亞總統打從心底歡迎山本伸一來訪，向他頒授哥倫比亞的「聖卡洛斯大十字勳章」。

此日伸一出席「日本美術珍寶」展開幕禮，在這裏也接受了文化部長頒授的「文化光榮勳章」。

九日，伸一飛往巴西的里約熱內盧。

抵達當地兩小時前，有一位年老的紳士已在里約熱內盧的國際機場等候。

他滿頭白髮，臉上刻了無數經歷果敢鬥爭的皺紋。也許由於年邁，步履有點不穩，但他毅然的姿態猶如獅子，決不像九十四歲的高齡。他是此次邀請單位之一、南美最高峰的智慧殿堂巴西文學院的奧斯特雷傑基羅．蒂．阿塔伊德院長。

他從當時的首都里約熱內盧的法學院畢業後當上新聞記者，一九三〇年代與該國的獨裁政權鬥爭。他經歷過坐牢，被驅逐國外三年。戰後作為巴西代表參加第三屆聯合國大會，和美國富蘭克林．羅斯福總統夫人埃莉諾．羅斯福、法國的諾貝爾和平獎得主路奈．卡森博士等起草《世界人權宣言》，發揮了重要作用。其後也作為專欄作家與歧視持續奮戰，就任文學院院長後亦繼續通過寫作進行言論戰。

阿塔伊德院長從住在歐洲的朋友處得知伸一的事蹟，也閱讀了伸一的著作，還和巴西SGI會員交流，對伸一的思想和實踐抱有強烈的關注和共鳴，熱切希望與伸一會面。

阿塔伊德院長在機場翹首期盼伸一到來，巴西SGI幹部擔心他的身體，請他休息。他說：「我等了會長九十四年了，一直在等！想到這一點，一小時、兩小時算不上甚麼。」

伸一於晚上九時抵達里約熱內盧機場。巴西文學院阿塔伊德院長等人臉泛溫暖的笑容迎接。

阿塔伊德院長出生於一八九八年，和一九〇〇年出生的恩師戶田城聖年齡相仿。院長和戶田先生的身影這時在伸一眼裏重疊，恍如戶田先生來迎接他一般。

阿塔伊德院長和伸一臂挽臂、擁抱，互相問候。

「山本會長是決定這個世紀的人，讓我們合力來改變人類的歷史吧！」

院長的過譽令伸一感到受寵若驚。他的話裏一定包含着「必須徹底守護全人類的人權！」此切實的願望和對未來的期待。

伸一回應：「院長是我的同志！院長是我的朋友！院長正是世界的瑰寶！」

歧視問題在世界各地加劇發生，人權被權力、金錢、暴力踐踏。要把《世界人權宣言》的精神變為現實，人類還必須經歷遙遠而嚴酷的路程。相信阿塔伊德院長正在認真地尋找能交付接力棒的人吧。

第二天（十日），伸一出席在里約熱內盧市內舉行的里約代表會議。因為翌日十一日是戶田城聖誕辰九十三週年紀念日，他引用恩師的指導，談到佛法和社會生活。

「戶田先生曾這樣說：『有人抱有安逸的想法：因為受持了御本尊，就不用考慮怎樣做生意，不用付出努力也必定獲利。這可是大錯特錯，要視為嚴重的謗法。』」

戶田先生強調，日蓮佛法不是依賴神靈救助的信仰，而是向御本尊唱題，引發出自己生命中的智慧和力量，付出努力，加以活用來創造價值的教導。

「關於御文『識法華者可得世法歟』（〈觀心本尊抄〉，御書二七三頁），戶田先生斷言：『認為不付出努力就獲得利益，這種說法是絕對錯誤的。』

先生繼續說：『如果人沒有注意到自己生意上的缺點、需要改善的地方，就應該好好反省吧。因此，對自己的生意需要不斷研究和付出努力。我的願望，就是每位會員能夠早日在自己的事業上做到「識世法」——敏銳洞悉世間事物的本質，過安定的生活。』

戶田先生的願望也就是我的願望。現在經濟不景氣席捲全世界，但我們不能只是唉聲嘆氣。通過『信心』發揮偉大的智慧和生命力，出色地跨越困境，才可說是『識世法者』。

『實踐信心就總會有辦法』這種安逸的想法是錯誤的。正因為實踐信心，才要認真祈求，認真努力，去解決當前的課題——從這種『認真』、『挑戰』的一念就能產生最高的智慧。一切勝利的關鍵取決於能否發揮『信心即智慧』的偉大力量。」

戶田城聖誕辰紀念日的二月十一日，伸一記述戶田先生向廣宣流布邁進的小說《人間革命》全十二卷在《聖教新聞》上連載完畢。

一九六四年十二月二日，伸一在沖繩動筆，從第二年的一九六五年元旦開始在《聖教新聞》上連載。因接連出訪海外，或因過度勞累而病倒，也長期中斷過寫作，但在前一年的一九九二年十一月二十四日脫稿，直至二月十一日完成連載共一千五百零九回。伸一在文末寫上了「獻給我的恩師戶田城聖先生」。

這部《人間革命》是弟子山本伸一的廣布誓願，也是獻給恩師的報恩之書。

十一日，伸一出席里約熱內盧聯邦大學授予名譽博士學位的典禮。

他在謝詞時提及當日是恩師戶田城聖的誕辰，又談到恩師的哲學。

「我從恩師身上學到了『任誰也能平等地打開生命內在的至寶此偉大哲學』，恩師還囑咐我『要不斷進行誠實的對話，擴大民眾網絡的和平王道』。而且我從恩師身上繼承了在貫徹『為民眾』、『為人』的慈悲一念時，就會無限地湧現智慧的人學。

恩師在二次大戰終結不久後，向青年提倡『地球民族主義』這理想。當時完全不被理解，然而苦於民族糾紛激化的現代世界已開始走向這條『共生之道』。」

人間革命
法悟空
三芳悌吉 画
(1509)

他要向世界宣揚恩師的偉大，也想把這個名譽博士學位獻給栽培自己的恩師。

翌日十二日，伸一拜訪里約熱內盧的巴西文學院，和阿塔伊德院長會談。他們商議了有關曾提議和院長出版對談集《論二十一世紀的人權》的事宜。

進行對談的方法是，先由伸一方面擬定數條問題，然後向院長提出。

阿塔伊德院長說：「真高興能和如此深刻理解人權問題的山本會長對話。雖然《世界人權宣言》發表了，但是最明確地、以實際的行動體現並宣揚其精神的是山本會長。您的功績已超越了擬定此宣言的人。人的一切在於『行動』。同時『思想』也很重要。讓我們二人來完成對談集吧！」

伸一決心非要回報阿塔伊德院長的巨大期待不可，決意一新。

阿塔伊德院長以平靜且深思熟慮的語氣對伸一懇切地訴說：

「我已經快要一百歲了。活到現在，您是第一個讓我如此熱切希望會見的人。

山本會長擁有偉大的使命，兼具人學與人性，是位精神領袖。

山本會長一生中的所有事情都具有意義。世界的命運隨着您的行動逐漸大大地展開。您正在轉換人類的歷史。

您通過自己的行動把構想實現、具體化，讓我欽佩。」

伸一感到阿塔伊德院長對自己的期待裏包含着強烈的願望——無論如何也要把《世界人權宣言》的精神成為現實。

阿塔伊德院長注視着伸一說：「『新世紀』即將到來。這不是只意味着對於巴西和日本，而是對於全世界來說的『新時代』要到來呢！」

「對，院長為創造『新時代』奮戰至今，我也同樣。目的是開啟人類能幸福地活下去的『新時代』。」

院長對伸一回答報以微笑，然後鏗鏘有力地說：「『語言』的拉丁語是『Verbum』，還有着『神』的意思。我們用崇高的『語言』作為最大的武器來奮戰吧！」

二人的靈魂強烈地、激烈地共鳴。

伸一和阿塔伊德院長會談之後，出席巴西文學院海外會員就任典禮。

巴西文學院在巴西從君主制過渡共和制後的一八九七年成立。創立的目的是以「智慧之光」引導祖國巴西前進。學院由四十名國內會員和二十名海外會員組成，全都是終身制會員。

獲巴西文學院認定為「文化、文學的偉大保護者」的海外會員包括有：俄國文豪列夫·托爾斯泰、法國人道主義作家埃米爾·左拉、英國社會學家赫伯特·史賓賽等智慧巨人。

山本伸一作為日本人，作為東方人，是第一位海外會員。

安東尼奧·奧伊斯文化部長兼代理總統，以及巴西各界知名人士、文化人士等出席就任典禮。伊塔馬爾·佛朗哥總統亦發來賀電。

在典禮中，還授予伸一「馬查多·德·阿西斯獎章」。這個獎章冠以文學院第一任院長馬查多·德·阿西斯的名字，是該學院的最高榮譽獎章，特別授予留下世界性功績的文化人士。

為紀念就任海外會員，伸一以《人類文明的希望曙光》為題發表演講。

他談到，現今伴隨科學技術的發達，地球一體化日益進展，宗教必須陶冶人類的精神，使其導向善的方向，成為形成嶄新和諧世界的基礎。如此開放的宗教性才會成為二十一世紀地球文明的柱石。

巴西各報社的記者來採訪典禮，報道了伸一就任海外會員和紀念演講的盛況。

伸一認為，在巴西獲頒的巴西文學院等表彰，是當地ＳＧＩ會員的社會貢獻和使人理解學會的踏實努力的勝利。過去，曾出現對於學會的誤解和偏見，甚至拒發簽證不許伸一入境，但現在變成了從南美最高的智慧殿堂獲得最高的評價和深厚的信任，伸一更成為海外會員。日復一日的默默奮鬥會改變社會。

伸一從心底讚揚每一位巴西同志，高呼「巴西萬歲」！

二月十四日，山本伸一從里約熱內盧出發，第一次訪問阿根廷。

巴西文學院阿塔伊德院長雖然在與伸一會見後不久身體欠佳，但是對和伸一出版的對談集的熱情絲毫不減。當他身體稍為恢復健康，便從六月中旬開始以錄音方式，口述回答伸一提出的問題和意見。

阿塔伊德院長像是跟人生有限的時間拚命搏鬥般，使出渾身的力氣編織出一句又一句話語。為了未來的「新時代」，豁出性命進行「人權鬥爭」至人生最後一刻。

對談集的內容以二人在里約熱內盧的交談為基礎，以書信方式繼續往來。院長最後的口述是八月中旬。幾天後住院，於一九九三年九月十三日，九十五歲生日前夕，人權鬥士落下了偉大一生的帷幕。

對談集《論二十一世紀的人權》在月刊雜誌《潮》上連載後，於一九九五年二月十一日出版成書。

伸一抵達阿根廷首都布宜諾斯艾利斯的第二天即十五日，在下榻的酒店和阿爾貝・柯安總統府辦公室前主任會談，然後出席在市內召開的阿根廷代表會議。

參加者當中也有正在準備十八日舉行的第十一屆世界青年和平文化節的青年，他們曬黑的臉上神采奕奕。

在阿根廷，青年也出色地成長，廣布的未來無限地敞開了。

十五日傍晚，日本時間的十六日早晨，是日蓮大聖人的誕辰。伸一對與會的同志鏗鏘有力地說：

「只要太陽在東方升起，大光就能照耀全世界。同樣，在日本誕生的大聖人的『太陽佛法』赫赫照耀整個地球的所有民眾，傾注妙法的慈悲大光。而且，阿根廷會員的活躍充份證明了大聖人佛法的世界性、普遍性。

阿根廷和日本位於地球的兩端，相距最遠。能和阿根廷的同志一起祝賀日蓮大聖人的誕辰，大聖人會多麼高興啊！

阿根廷有句諺語：『太陽為大家升起』。大聖人的『太陽佛法』是『平等的佛法』。大聖人『為大家』——為了末法萬年的所有民眾，宣說大法。這絕不是根據人們信仰佛法與否來狹隘地對人作出歧視。請大家以寬廣的心胸，像太陽一樣明亮，把希望的光彩送給阿根廷全國、全體民眾。」

他抱着「臨終在即」（〈生死一大事血脈抄〉，御書一四〇五頁）的一念繼續鼓勵，引用該國詩人阿爾瑪菲爾特的話：「有時『偉大的命運』沉睡了，喚醒它的是『苦惱』。」（《阿爾瑪菲爾特全集》，阿爾瑪菲爾特著）

「佛法說『煩惱即菩提』[16]。絕不會有沒有問題或煩惱的人；也不會有沒有問題或煩惱的家庭和社區。

人生是和煩惱的戰鬥。重要的是如何解決積壓在自己身上的各種煩惱或問題。要動腦筋、不斷努力跨越『煩惱』，邁向『勝利』。

假如沒有這樣的煩惱——這種脫離現實、幻想的生活方式是失敗的。怎樣才能跨越當下的課題，把它變為有價值和勝利——不斷向前努力的人就是『勝利者』。

人生取決於自己的一念——要成為以精彩的勝利劇證明這一真理的『名演員』。還要成為一個讓周圍也擁有『自信』的『鼓勵之人』。」

16 煩惱即菩提：煩惱是使眾生身心煩惱之因的各種精神作用。《法華經》以前的教義說煩惱是帶來苦惱的因，將其斷絕，達到菩提（悟），但《法華經》指明，離開煩惱無菩提，煩惱能轉為悟。

伸一希望阿根廷的同志人人都是「不屈的勝利王者」。

二月十六日正午，伸一到布宜諾斯艾利斯的總統官邸拜訪卡洛斯·薩烏爾·梅內姆總統。談話中伸一主張，必須使二十一世紀成為「共和的世紀」、「地球文明興隆的世紀」，並對多元文化和多民族的阿根廷大地搏動着的世界公民主義寄予期待。

此次訪問南美，伸一接連不斷地與各國領導人等會見和出席紀念典禮。出色地擔任西班牙語翻譯的是於阿根廷長大的女子部。

她們在阿根廷出生，雙親是日裔。少女時代通過鼓笛隊活動學習信心，加深了為人們的幸福、為廣布而奮戰的信念。

而且她們作為阿根廷的國立大學或國費留學生在日本的大學刻苦學習，又在外語上下功夫，成為SGI公認翻譯員。

在年輕的生命中種下的信誓種子成長為使命的大樹，高高地伸向天空。

十六日晚上，伸一拜訪阿根廷的上議院及下議院。

上下兩院所在的國會議事堂是一座莊嚴的希臘羅馬式建築物，建於一九〇六年。軍人政權時代，因禁止議會活動而被關閉，直至一九八三年軍政終結，它恢復為國會議事堂，成為宣告阿根廷民主黎明的象徵。

上議院和下議院分別對伸一「持續的和平行動」和「為『世界各民族和平』的奮鬥」進行特別表彰。在地球的另一邊，有傾聽着伸一的說話，關注着他的行動的人們。

這也正是因為阿根廷同志誠實地不斷展開對話，擴大信賴的結果。

他從心底感謝會員的奮鬥，和大家一起分享這份榮譽。

會談時，上議院議長告訴伸一，阿根廷議會以伸一的和平倡言等為基礎制定了法例。這項法例新設了「和平日」，規定在當天阿根廷的小學至高中學生進行各種活動，互相學習和平的意義。

在說明制定該法例的理由中，指出「有一位卓越的日本思想家如此概括了我們現今活着的這個時代應要挑戰的事」，引用了一九八三年紀念「ＳＧＩ日」和平倡言的以下一段，並清楚記載伸一的名字。

「二十一世紀就在我們眼前。決不讓戰火燒盡年輕一代在這輝煌的舞台上活躍的前途。能否構建民眾真正成為主角的時代，取決於所有人民的雙手。沒有比現在更需要選擇這條賢明進路的時刻。」

這項法例於一九八五年八月頒佈。

上議院議長說：「『和平並非指沒有戰爭的狀態』——我認為SGI會長的這一主張明示了需要創造一個人能夠活得有尊嚴的世界。所幸冷戰結束了，但世界各地仍然持續發生戰爭。我相信，從會長和SGI的活動中，就擁有能解決這些問題的『基準』和『價值觀』。」

全世界對SGI寄予了極大的期望。同行的每一個人都切實感受到時代正渴求以尊重生命的佛法為基調的和平運動。

第二天，十七日，伸一出席阿根廷洛馬斯·德薩莫拉國立大學舉行授予其「名譽博士」、「法學系名譽教授」典禮。席上，還宣佈了布宜諾斯艾利斯州議會議決把伸一訪問該國定為州的官方活動，同時該州的十個市贈與他各市的鑰匙或盾牌等。

十八日晚上，第十一屆世界青年和平文化節在布宜諾斯艾利斯市的克利塞奧劇場舉行，主題是「在民族融合的大地上奏響希望的旋律」，合共青年部等一千五百人精神奕奕地出場表演。

這個文化節成為該市官方認可的活動，聯合國秘書長加利也發來賀電。前總統弗朗迪西以及布宜諾斯艾利斯市長、科爾多瓦國立大學、洛馬斯·德薩莫拉國立大學、拉·馬坦薩斯大學的校長和各界代表，以及中、南美十個國家的SGI代表等出席。

一位來賓無比感嘆地說：「阿根廷裏大多數人都是來自歐洲各國的移民，也會產生不少摩擦。很多人對祖國有很強烈的鄉愁，因此『同為阿根廷人』的意識往往薄弱。文化節的主題『民族融合的大地』是我們由衷的願望。」

他說在文化節上看到如此融合的縮影，令他共鳴、感動。

也有人說：「SGI以培養世界公民為目標，現今的時代正就是需要這樣的觀點。」

文化節把會場佈置成一架飛機，表達從阿根廷大地向「世界」、「人類」的和平長空啟程。

舞台上，旗隊、鼓笛隊、合唱團等未來部員陸續出場表演，接着青年跳出充滿活力的現代舞，世界三大劇院之一科隆劇院六名演員上演了優美輕快的舞蹈。

文化節的壓軸是阿根廷探戈巨匠奧斯瓦爾多．普格列斯和馬里亞諾．莫雷斯的聯合演出。

觀眾都難以置信地瞪大眼睛側耳傾聽。這簡直是世紀盛事，見證夢幻般的共同表演。其中的普格列斯，據說他在一九八九年十一月的榮休公演上結束七十年探戈生涯，不再踏上舞台。

伸一深深感謝這位探戈巨匠的深厚情誼。

馬里亞諾·莫雷斯在世界青年和平文化節三天前的十五日來到作為會場的克利塞奧劇場，對阿根廷會員說：

「舉行文化節的十八日是我的生日，但是我不慶祝了，我要為SGI會長和大家演奏。」

莫雷斯最初聽說舉辦文化節時，說「那太好了，我也盡力支持」，答應演出。

伸一和莫雷斯夫婦的第一次見面，是在他們為民音公演到日本的一九八八年四月。莫雷斯說，以後要作曲贈給SGI會長。伸一緬懷他們四年前逝世的兒子，提出「選一個能望見富士山的好地方，種植櫻樹來紀念」。

後來莫雷斯把新曲《現在》獻給伸一。

另一方面，伸一和奧斯瓦爾多·普格列斯夫婦會見，是他們應民音之邀到日本舉行榮休公演的一九八九年。普格列斯說要為伸一作一首探戈舞曲，並實現了約定，創作了《光輝閃耀的東京》相贈。這首舞曲應伸一的提議，加上副題《友情的讚歌》。

在莫雷斯來劇場的第二天，這次是普格列斯帶着樂團來了，是為了練習。運送到劇場的樂器中，也有他愛用的大鋼琴。這位八十七歲的鋼琴巨匠竟然親自推動那座鋼琴。在場的會員沒想到南美最頂尖的探戈之王特意來練習，而且還親自搬動鋼琴，令他們難掩驚訝之色。

二人也作為一個人，以真心回報伸一的信義，並贊同青年希望人類和平的文化節，不遺餘力地相助。友情網絡的擴大就成為聯結人的力量。可以說，「和平」是「友情」的別名。

「探戈皇帝」普格列斯和「探戈之王」莫雷斯這對「夢幻組合」同台演出使青年和平文化節的熱烈氣氛高漲。

伸一為每一個節目而深深感動，不斷地鼓掌予以鼓勵和讚賞。他吟詠了一首和歌紀念此次文化節。

天地齊賀文化節
諸天漫舞阿根廷

第二天的十九日下午，第一屆阿根廷SGI總會在布宜諾斯艾利斯市郊外的會場舉行。除了來自全國的二千五百名會員，還有中南美三個國家和西班牙的會員參加。

會上，該國最古老的大學國立科爾多瓦大學頒授伸一「名譽博士」學位。

關於授予的理由，法蘭西斯科・J・德利奇校長指出，伸一建立並擴展「新的人本主義」，由此讓人知道「東方」和「西方」的融合是可能的。

「他教導我們，人能跨越不同『文化』、『宗教』所帶來的對立；而且能超越不同的地域和距離、時代的隔閡而締結友好。此偉大的『和平』與『友愛』的普世啟示超越所有『國境』，也超越因人的無知而限制人的『心的國境』，是連結人的智慧。」

總會上也有歡迎表演，接連演出了阿根廷民歌等。彈響吉他，踏響雙腳，歡快的歌舞之環擴大開來。支部成立二十九年來，會員一直引頸以待，終於實現了伸一到來，大家施展渾身解數來表現出這份喜悅。

伸一在總會前後也和工作人員等各組別拍照，並不斷地給予鼓勵。他祈願在這次訪問中和他相遇、受到他鼓勵的青年和少年少女能成長為該國二十一世紀的精英。「鼓勵」是促進成長的力量。

山本伸一的和平之旅仍在繼續。

一九九三年二月二十日，伸一開拓廣布的舞台從阿根廷移向巴拉圭。巴拉圭也是他首次訪問的國家。那裏，有巴拉圭大河等許多河流滋潤着大地和人，是美麗的「森林與河流的國度」。

首都亞松森市市長在機場迎接，並向伸一贈送了刻有「市徽」的盾牌。

翌日二十一日，伸一出席七百名同志在巴拉圭文化會館舉行的該國第一屆ＳＧＩ總會，和慶祝巴拉圭廣布三十二週年的「友好晚會」。伸一在這裏也最先鼓勵孩子們。

「很高興見到大家。長大後也要來日本，我等着你們。」

他在總會上宣讀自草創時期奮鬥過來的同志的名字，並讚揚他們的功勞。還逐一朗讀阿曼拜地區以及聖羅莎、恩卡納西翁、伊瓜蘇、亞松森等支部的名稱，慰勉大家的奮鬥。

巴拉圭的廣布從移居當地的日裔開始，一定經受了無數的苦難。

巴拉圭同志人數絕不算多，但來自日本的移民以及當地人勤勉地努力，在社會上深深扎下信賴之根。

一九九〇年，在亞松森市舉辦「世界少年少女繪畫」展（ＳＧＩ與巴拉圭教育暨文化部共同主辦）時，安德烈斯·羅德里格斯總統也有出席。

為了歡迎伸一此次訪問，巴拉圭郵政局決定在他的逗留期間，於所有郵件都蓋上特殊的「ＳＧＩ」的郵戳。在決議文上指出，「ＳＧＩ推行以實現世界和平、深化民眾的相互理解、尊重文化為根本目的的活動，是聯合國的ＮＧＯ，是創造價值的團體」，「對於歡迎ＳＧＩ會長的來訪，國家的各政府部門以及相關團體應表示敬意和共鳴」。

可以說，這是巴拉圭同志踏實地貢獻於社會的結果。

在第一屆巴拉圭ＳＧＩ總會上，山本伸一指導說：「諸天必會保護勇敢的人！」並強調一人立起的重要性。

「關鍵不是人數的多寡，只要一個人認真地站起來，就能使和自己有緣的所有人，甚至環境，都繁榮興盛。為此，踏實的認真祈求、行動很重要。」

燃燒信仰這赫赫太陽，給自己周圍、給身處的社區送去希望與蘇生的大光，建構起友情與鼓勵的共和網絡──這就是廣宣流布的確切軌道，也是開創先河的ＳＧＩ運動的意義。

進而他希望眾人畢生堅持信念，決不讓信心的火焰熄滅，這樣強調：

「無論遇到甚麼事也決不一喜一憂，立足於『畢生』這一觀點，悠然前進。對於孩子來說，當前的要務是學習。好好學習信心的基本，徹底以『求學第一』前進，這就是『信心即生活』。

雖說繼承信心，但信仰是孩子本人的選擇。總之，要充份展示並教導『只要認真唱題，就一定能跨越所有困難』這一點。然後讓他們輕鬆地自由成長，不要過份着急或擔心。」

「友好晚會」洋溢着同志的喜悅。婦人部合唱團、少年少女合唱團唱出令人振奮的歌聲。同志伴隨歡快的樂曲，還跳起了傳統的「頂瓶舞」。

開始了信心但還未入會的一位世界級吉他手希拉·戈多伊演奏了為此日而創作的《日本夢》，表示祝福。

還有，音樂隊、鼓笛隊自豪地演奏從草創時代傳唱下來的《巴拉圭本部歌》。這首歌蘊含着同志們難忘的回憶。

——一九七四年，伸一預定訪問巴西，但由於巴西社會對學會的誤解，不獲發簽證，結果未能成行。

這時巴拉圭音樂隊已經出發前往巴西，希望在伸一面前演奏，表達巴拉圭同志的心意。然而，他們也被拒絕入境。儘管如此，他們能乘坐巴士到巴西邊境的旅遊勝地伊瓜蘇瀑布。

「好，就在這裏演奏吧！我們的心意一定會通達先生的。」

他們奮力演奏，如同與大瀑布的轟鳴競賽。

十年後的一九八四年，伸一時隔十八年再次訪問巴西。滿心歡喜地趕來迎接的巴拉圭會員在他跟前高唱的就是這首《巴拉圭本部歌》。

風聲吹響枝梢
越過科羅拉多森林
同志臉上汗流滿面
開墾地之路沒盡頭

（山本邦男作詞）

合唱結束後，伸一說：「真是首好歌！我感受到你們的決心。下次我也要去巴拉圭呢。」

九年後，終於如願以償，迎來這一天。

「友好晚會」上，伸一用力鼓掌來回應音樂隊、鼓笛隊的演奏，並勉勵說：

「謝謝大家！我們的生命產生了共鳴。二十一世紀，我期望你們青年要接過草創同志手裏的接力棒，展翅飛向使命的天空。而且你們還要超越我。那時，廣宣流布的河流將變成滋潤全世界的滔滔大河。」

二十二日，伸一在總統府拜會羅德里格斯總統，贈送了長詩《民眾大河的長流》。伸一會見總統後，拜訪巴拉圭外交部，出席該國「國家功勞大十字勳章」授予儀式。外交部長在典禮上致詞，談及伸一的和平行動，這樣說：

「只有通過誠實的『對話』才能消除歧視，實現全球的恆久和平與互相理解，會長以這一信條為和平奮戰，是人類的典範。」

此外，二十二日當天，伸一又出席巴拉圭亞松森國立大學授予他哲學系名譽博士的典禮。

二十三日傍晚，伸一前往下一個訪問地點智利。

天地河流皆是佛土
難忘你們地涌菩薩

這是他贈給巴拉圭同志的和歌。

從巴拉圭起飛，在安第斯山脈的上空飛行。眼下群山連綿，殘雪在夕陽中金光閃閃。智利將是伸一訪問的第五十個國家。無論訪問哪個國家，他都傾注全部精力，打開一個又一個歷史的大門，全都是竭心奮戰的廣布之旅。

戶田城聖就任第二代會長第二年的一九五二年正月吟詠了一首和歌：「毅然上征程／至月氏天涯／弘揚妙法旅／勇氣滿心田」。戶田在人生落幕的約十天前，把伸一叫到枕邊，說他夢見去了墨西哥。

「在等着呢，大家在等待着呢。大家渴求着日蓮大聖人的佛法。很想走向世界，展開廣宣流布之旅……」

然後他竭盡全力般地對伸一說：「你的真正舞台是世界。」「你要好好活下去，要遠征世界。」

戶田心繫全世界民眾的幸福，心繫世界廣布。然而，恩師一次也沒有出過國。伸一把戶田的話當作遺言銘刻在生命中，一直代替恩師奔走世界，傳揚「太陽佛法」。

伸一在恩師戶田城聖去世兩年多的一九六〇年五月三日就任第三代會長，五個月後的十月二日踏上世界和平之旅。

在印下第一步的夏威夷，由於聯絡失誤，本來迎接到訪的會員竟沒出現。伸一也曾在旅途中身體不適，被高燒折磨。也有些國家由於對學會有誤解，他要一直在政治警察的監視下鼓勵同志。

他一心祈願人們的幸福，奔走北、中、南美，還有亞洲、歐洲、中東、非洲及大洋洲等地。

伸一也屢次前往社會主義國家，架設友誼和文化的橋樑。

為了實現日蓮大聖人遺訓的「一閻浮提廣宣流布」，他拚命馳騁世界，不斷播撒和平與幸福的妙法種子。那是一邊在心裏和恩師戶田先生對話，一邊邁進的師弟之旅。

智利是他出訪海外的第五十個國家。

他的腦海浮現起一首和歌。

越過莊嚴金光
白雪皚皚的
安第斯山脈
我勝利了

山巒上新月發放亮光，大明星天（金星）絢麗奪目，繁星閃爍。伸一感到這恍如是諸天的祝福。

抵達智利第二天的二十四日，他在首都聖地亞哥市政府接受該市頒授相當於名譽市民的「最高賓客章」。

授予獎章的決議書上註明伸一的訪問「是進一步加深智利和日本之間『人與人的相互理解』，鞏固共同擁有人的基本價值觀的『友誼紐帶』的『特別機會』」。

然後，伸一訪問聖地亞哥的智利文化會館，出席第一屆智利ＳＧＩ總會。會員的喜悅難以言喻。他們跨越經濟混亂、軍人政權的人權侵犯等漫長的冬天，此刻感到希望的春天到來了。

一九七三年，智利首都聖地亞哥發生了軍事政變。戰鬥機於上空飛來飛去，街上滿是坦克車和武裝士兵。會員中心者夫婦的家也被捲進戰火，遭到機槍掃射。二樓被子彈打得像個蜂巢，但夫婦在一樓安奉御本尊的房間，平安無事。

夫婦倆擔心同志是否安全，在實施戒嚴令的情況下，天天外出一家又一家地走訪同志家。由於禁止集會，他們在探訪的每一家召開「家庭座談會」。

數年之後，開會需要得到政府當局的批准，而地點也只限於一處會館。然而同志都意氣風發，還向前來視察會議內容的警察訴説ＳＧＩ和平運動的了不起之處。
智利同志紅光滿面，向山本伸一報告當時的情況。
「戰爭期間牧口先生、戶田先生在日本不顧特高警察的監視，奮勇為廣布奮戰。山本先生經常給我們送來溫暖的勉勵，鼓舞我們的勇氣。當想到先生知道這一切，就湧起力量。」
心中有師匠的同志為廣布奔走。師匠總是在心裏，所以他們不屈服。大約從實現民主政權的三年前起，各支部和地區才能自由開會。
同志盼望、祈求伸一來訪智利，勤勵活動，一日千秋似地等待。
由於政局不穩，同志絞盡腦汁、用各種方法，在從南到北約四千二百公里的廣大國土上團結前進。他們的艱苦奮鬥令伸一非常感動。
地涌菩薩也在距離日本最遠的國家之一智利大地上陸續誕生。
伸一在智利文化會館與未來部的孩子們打招呼。
「謝謝你們到來迎接，我是從日本來的。日本和智利是相隔着海洋的鄰國啊。」
孩子們展開夢想的翅膀，目光炯炯。
伸一在第一屆智利ＳＧＩ總會講話時，一邊想着會員在智利各地努力活動的辛勞，一邊讚揚他們說：「大家不向逆境低頭，奮鬥到底，絕對會積累起如同安第斯山脈連綿不絕的無限功德。」

伸一還告訴大家，此次訪問智利是海外訪問的第五十個國家。

三十三年前伸一仰望富士高峰展開世界和平之旅，奔走五大洲，而這次來到了地球上幾乎處於和日本另一側、「南美富士」（奧索爾諾山）聳立的智利。

伸一充滿氣魄地呼籲：「看到大家的前進，戶田先生一定會很高興。但是，今後才是正式奮戰的開始。我會一直記掛着你們，懷着與大家天天共同行動的心情，明朗、快樂地奔走全世界！」

他又拜讀「賢為人，愚為畜」（〈崇峻天皇書〉，御書一二二二頁）這段御文，強調賢明行動的重要。他展望廣宣流布，指出以寬廣的心胸關懷還未入會的朋友，互相尊敬，重視友情，和睦地加深交流，才是日蓮佛法的信仰。

「信心即生活」、「佛法即社會」——伸一要告訴大家，如這教導所示，佛法是開放給所有人的宗教，絕不能在學會和社會之間架設藩籬。

最後他呼籲：「大家要一人不漏地度過滿足、勝利，充滿福運的人生！」

緊接着總會舉行了「創價家族大會」。孩子們表演聳立着巨大摩艾石像的復活節島的傳統舞蹈「沙沙」，鼓笛隊演奏《春天來了》。男女青年部盡情地跳民族舞蹈「庫埃卡」。

即使在智利，年輕一代也繼承廣布開拓者的父母們的信心，茁壯成長。未來充滿希望，光輝明亮。

終於到了全體大合唱《如果你到智利》。伸一也一起用手打拍子。

旅人啊
這裏的人都歡迎你們
你知道嗎
在智利　多麼喜歡
從外地來的人啊

會員喜氣洋洋地高歌，誓願成為「世界廣布的模範」向前邁進。

此日創造了智利的新原點。

二十五日中午，伸一拜訪總統府（莫內達宮）會見帕特里西奧·艾爾文·阿索卡爾總統。去年十一月總統訪日時，兩人曾經會見。

當時暢談了為民眾服務的領導人面貌、急劇的智利民主化、開啟環太平洋時代的兩國文化交流等，預定十五分鐘的會見延長到約四十五分鐘。

艾爾文總統在告別時說：「希望這絕不是我們唯一一次的見面，下次一定要在我國、在總統府見。」那時的約定實現了。

艾爾文總統告訴伸一，東京會見之後他讀完了伸一和湯恩比博士的對談集《展望二十一世紀》（香港譯名為《眺望人類新紀元》），為再次見面深感高興。

他們圍繞文化的力量、環境問題等話題對話。桂冠詩人的伸一贈給總統一篇長詩《安第斯的民主偉容》。其中寫道：

「道理」的力量勝過武力！
「精神」的力量勝過刀劍的力量！
惡的無情力量
即使想耀武揚威
終歸是一時的虛幻勝利

「道理」的力量、「精神」的力量
將會在理解與歡喜之中
廣泛地滋潤民眾大地

艾爾文總統在結束任期四個月後的一九九四年七月，與夫人一同訪問日本，並在創價大學進行了紀念演講。艾爾文和伸一會談了三次，並以這些談話等為基礎，於一九九七年十月出版對談集《太平洋的旭日》。這一年適值締結《日本智利修好通商航海條約》一百週年。

二月二十五日晚上，伸一從智利抵達巴西的聖保羅。

逗留期間，伸一在巴西SGI自然文化中心出席有世界三十二個國家和地區代表參加的第十六屆SGI總會。

總會上伸一呼籲，學會員是「前人未曾到達的一閻浮提廣宣流布的開拓者」，「要永遠在胸中燃燒直結大聖人的自豪」。而且每個人也作為人大大地發放光芒，以這種人性光輝照耀家庭、地域、社會，不斷廣結人與人之間的友情，開朗愉快地沿着SGI的人本主義大道行進。

然後伸一於三月八日前往美國邁阿密，在那裏出席研修會等。之後在三藩市和科學家萊納斯·鮑林博士進行第四次會談，又和會員懇談，持續指導，於三月二十一日回國。

伸一在五月訪問菲律賓、香港；從九月到十月，訪問美國、加拿大，並在美國應哈佛大學邀請，第二次在該大學進行演講，題為《二十一世紀文明與大乘佛教》。

他又於第二年的一九九四年從一月到二月，前往香港、中國深圳、泰國。從五月中旬，展開長達三十多天歷訪俄國、歐洲的旅程。每一天、每一瞬間都是構築世界廣布基礎的建設作業。

若在該行動的時候不行動，該幹的時候不幹，就會永遠留下懊悔。對於伸一來說，「現在」就是「一切」。

定為「光榮躍進年」的一九九五年元旦，山本伸一以在創價學會本部舉行的新年勤行會為奮鬥的開始。

在一月十五日「成人日」，伸一和婦人部、新宿區代表召開協議會，談論了肩負二十一世紀的領導的應有姿勢。

「今後對領導人的要求是甚麼呢？用一句話來說，那就是『誠實』。決不擺架子，為同志盡力，擁有正直、親切、責任感、信念和庶民的純樸面貌——大家要求這樣樸實無華的『稟性』。所以，不用矯飾，重要的是忠於自己，以信心為根本作為人而成長。」

為了未來，伸一要用平易的語言表達，留下領導人應有的態度。

「佛法的目的是拯救人。拯救他人不是觀念論，而是具體的『智慧』，是『行動』。從我們的立場來說，就是以信代慧，靠信心獲得佛的智慧。所以，凡事都要『先祈求』，而且要『不斷地祈求』，『不斷地行動』，直到得出結果為止。

釋尊和日蓮大聖人都是『行動的人』。我們也要如此。」

兩天後十七日的凌晨五時四十六分，近畿地方發生大地震。高速公路、大樓、房屋倒塌及燃燒等災害以神戶、淡路島等兵庫縣南部為中心，擴大到大阪、京都，死亡人數約六千四百人，傷者約四萬四千人。這場災害就是阪神大地震。

伸一接到彙報後，當即採取行動，傾盡全力進行救援活動。

他原定要出訪夏威夷，在代表環太平洋地區的著名學術機構「東西中心」進行演講，但推遲了出發，盡一切努力協助救災。

學會本部和關西立即設置災害對策本部。伸一和最高領導幹部不斷進行商議，並出席對策會議。

在災區，各會館變成臨時避難所，也成為供給生活物資的救援中心。

由於高速公路坍塌，建築物倒毀，導致普通道路也出現斷裂，無論哪個地方、哪條道路都擁堵不堪。學會立刻組成摩托車隊，在遍佈瓦礫的路上奔馳，把救援物資送到受災各地。

伸一一想到失去心愛的親人、住慣的家或工作場所的人，就心如刀絞。他很想馬上趕到災區鼓勵大家，但是在「東西中心」進行演講的日子迫近。他對趕赴災區的會長秋月英介和婦人部長、青年部長說：

「請代我傾注全副生命去鼓勵大家。相信會員當中也有實踐信心的家人去世吧。請這樣告訴他們：

即使一切都遭到破壞，但生命中所積累的福運永遠不會受破壞。即使只唱一遍題目也能成佛，這就是大聖人的佛法。去世的同志在今世轉換宿命，來世也將出生在御本尊跟前，一定能獲得幸福。

誠如『變毒為藥』所言，通過信心能把毒變成良藥。大聖人教導：『大惡起則大善

來。』（〈大惡大善書〉，御書一三六三頁）

要確信，不論現在多麼痛苦，也一定能幸福起來。不，非如此不可。我祈求、等待大家以堅強的心和堅強的生命重新振作。」

秋月等人於二十四日奔赴災區，四處鼓勵。次日晚上，伸一出發前往夏威夷的火奴魯魯。

二十六日，他訪問夏威夷大學馬諾阿分校，然後到該校相鄰的「東西中心」。為紀念聯合國創立五十週年，他在這裏進行題為《和平與人類安全保障》的演講。

山本伸一在紀念演講中提出：過去談及安全保障，往往是當作機構、制度的問題進行議論，但只顧拚命整頓社會和國家的外在條件，避開人本身的變革這根本，為和平與幸福付出的努力反而會造成反效果。這正是二十世紀的最大教訓。

他又呼籲，應該從內在生命的變革，即人間革命走向社會變革，為此，不可避免的思想改革應該是「從知識轉向智慧」，「從一元化轉向多元化」，「從國家主權轉向人的主權」。

伸一在這個會場又與哈佛大學的約翰．蒙哥馬利博士、夏威夷大學名譽教授格倫．佩奇博士、和平學創始人約翰．戈爾通博士等會面。

伸一在夏威夷出席了紀念聯合國創立五十週年的第十三屆世界青年和平文化節、SGI環太平洋文化和平會議等，二月二日直接到關西。

他在關西出席阪神大地震的東京關西聯合對策會議和追善勤行法會等，竭盡全力激勵會員。

伸一在法會上說：「我在祈求關西早日復興，全世界也關注着大家的行動。關西是『世界的模範』，要勇敢地奮起。去世的同志也會馬上回到常勝的隊伍裏來。

御書說：『無滯得遂上上品之寂光往生，須臾之間，還來九界生死之夢中。』（〈三世諸佛總勘文教相廢立〉，御書五九九頁）實現向最高的寂光世界（佛界）往生，死後也馬上再次誕生在九界這個世界，而且又為廣宣流布大展身手。

我們要連去世的人的份也完成，一邊朗朗地、滿懷希望高唱妙法，一邊向前邁進。這即是生死不二，會在兵庫國土、在關西大地，再次增加大福運的威光勢力。

請向災區所有人轉達我誠摯的問候。」

山本伸一在一九九五年十月底，訪問亞洲四個國家和地區，這是首次訪問「釋尊誕生之國」尼泊爾，成為和平之旅第五十一個訪問的國度。

在尼泊爾，他於十一月一日，在加德滿都的皇宮拜會尼泊爾比蘭德拉國王。

二日，伸一作為主禮嘉賓出席特里布文大學在國際會場舉行為畢業生頒授學位的典禮，並進行題為《仰望人本主義的最高峰——活在現代的釋尊》的紀念演講。

演講從「智慧的大光」和「慈悲的大海」這兩個角度探討「偉大的導師」釋尊留下的精神遺產，主張祈願自他共同幸福的人本主義網絡將成為建構各國繁榮、開啟全人類光榮的光源。而且，希望肩負下一個時代的使命深遠的學生能像大鵬般展開智慧與慈悲的翅膀，向「和平與生命尊嚴的二十一世紀」飛翔。

三日，伸一也在該大學接受教育部長（校長代理）頒授的名譽文學博士學位。

伸一在致謝詞中強調，尼泊爾是擁有美麗詩心的大國，而國家富裕取決於人們的「心靈光輝」。

這日尼泊爾的同志帶作嚮導，陪同他驅車前往加德滿都市郊外的山丘。同志們希望他看看世界馳名的喜馬拉雅山雄姿。

黃昏來臨，喜馬拉雅山被乳白色的雲層覆蓋。但是伸一等人到達時，雲層散開，剎那間白雪皚皚的巍峨山脈彷彿摘下面紗露出容貌來。夕陽輝映，天空染上淡淡的玫瑰色，群山雄偉，而且洋溢着莊嚴與高貴英姿。

伸一忘我地按下快門。不久喜馬拉雅山巒被淡墨的暮色籠罩，天空浮現巨大的銀月。二十多個男女少年稀奇地圍着在遠處觀看。伸一向他們招手，他們靦腆地走過來。孩子們的雙眸像寶石一樣閃亮。

山本伸一對孩子們說：「我們是佛教徒。這裏是佛陀誕生的國度，佛陀在仰望巍峨的喜馬拉雅山中成長，努力成為像那些山脈一樣的人，把自己造就成巍然聳立的勝利者。你們也要一樣，你們生活在非常了不起的地方，一定會成長為偉大的人。

大家看起來聰明伶俐，人人都長得很好看。長大後請來日本。」

他珍視短暫的相遇，從心底鼓勵孩子們，給他們送上希望的春風。

第二天四日，伸一出席在加德滿都市內舉行的尼泊爾ＳＧＩ第一屆總會，和一百數十名同志合影留念，並鼓勵他們：「要永遠和睦地前進。每個人也作為良好市民、良好國民，成為『光榮的存在』」。大多數會員都是青年，恰似被喜馬拉雅山脈懷抱着成長的未來的希望小樹。

繼尼泊爾之後伸一訪問新加坡，參加第三屆亞洲文化教育會議，他第一次訪問新加坡創價幼稚園，又出席慶祝建國三十週年的第一屆青年友好藝術節，十日晚抵達香港。

TAMIC

英國殖民地的香港將於一九九七年回歸中國。一九八二年，中國共產黨中央顧問委員會鄧小平主任和英國首相戴卓爾夫人會談，開始商討如何移交主權。

對於一直在資本主義社會生活的香港市民來說，難以想像如何在實行社會主義的中國生活，很多人對未來感到不安。有一段時期港元暴跌，股市陷入一片混亂。

「正就是在這個時候，我要去香港！我要和大家見面，予以鼓勵！」

伸一這樣決定，於一九八三年十二月訪問香港。

他在這次訪問強而有力地向會員呼籲：

「關於『九七問題』，大家當中也有人擔心香港會變成怎麼樣。但是我要說，你們完全不必擔心。請你們在這個心愛的香港大地，在這個自由、和平、文化及蓬勃發展的國際都市香港的大地上，一邊領受妙法的照覽和守護，一邊度過尊貴的一生。」

「在回歸的『九七年』之後，讓我們比以前更熱鬧、更快樂好幾倍地交流吧。讓我們未來永遠也一起創造勝利的歷史吧！」

至今，他曾和很多香港有識之士以及ＳＧＩ會員交談，從中切實感受到給香港帶來大發展的是不可估量的「人的活力」，是人們身上搏動的「希望力量」。

香港同志從這句「比以前更快樂好幾倍」的話得到勇氣。

一九八四年十二月，中國和英國發表《中英聯合聲明》，宣佈一九九七年七月一日香港回歸中國，成為中國的特別行政區，回歸後五十年不實施社會主義政策，維持資本主義，實行「一國兩制」。可是，那也不能徹底消除市民的不安，幾十萬人移居加拿大、澳洲等國家。

伸一思考香港的未來，持續和中國的領導會談，也和歷任香港總督等交流。

此次一九九五年十一月訪問香港，伸一和金庸會談。金庸是著名作家，創辦日報《明報》，作為「良知的燈塔」長年引導輿論。金庸也擔任決定回歸後香港社會制度的《香港基本法》起草委員會的委員。

二人圍繞「香港的未來」、「文學與人生」等廣泛的主題交談了五次，並於一九九八年出版對談集《探求一個燦爛的世紀》（日文版）。

在香港回歸中國五個月之前，伸一對金庸說：「我相信香港回歸以後也會繼續繁榮。」並談到今後不僅經濟發展，「心靈的充裕」也將是焦點。

金庸強烈地指出：「我希望香港ＳＧＩ以及ＳＧＩ成員一定要向眾多的人展示『精神價值』、『正確的價值觀』。」

香港民眾的幸福與繁榮——二人所關注的就是這一點。

伸一一貫地對會員說，不論在哪裏，只要有堅定的信心，就會成為幸福的寶土，光華四射。

日蓮大聖人教導：「其人所住之處，是常寂光土。」（〈當體義抄〉，御書五三五頁）

一九九七年七月一日，舉行歷史性儀式，香港從英國殖民地回歸中國。

香港SGI的金鷹體操隊也在慶祝活動中表演了充滿青春活力的節目。當晚的紀念音樂會上香港SGI合唱團也登場。

伸一給故交江澤民國家主席和香港特別行政區董建華行政長官發去賀電。香港會員決心使回歸後的香港成為「和平與繁榮之港」，向二十一世紀這「第三個千年」飛翔。

伸一於一九九五年十一月逗留香港期間，也訪問澳門，接受了澳門大學頒授的名譽社會科學博士學位，還拜訪了澳門市政府。葡萄牙殖民地的澳門也將於一九九九年回歸中國，繼香港會員之後，澳門會員亦滿懷希望地開始新的啟程。

一九九五年十一月十七日，山本伸一結束亞洲訪問回國，直接到中部、關西指導。二十三日，伸一出席在關西文化會館召開的全國青年部大會、本部幹部會暨關西總會。

會上ＳＧＩ理事長十和田光一發表《ＳＧＩ憲章》。

國際創價學會（ＳＧＩ）於一九七五年一月二十六日在太平洋的關島舉行的第一屆世界和平會議時成立，此後弘揚佛法的生命思想，展開為世界和平與人類幸福作出貢獻的運動。各個國家和地區的ＳＧＩ組織逐漸在地域、社會上取得信賴，受到莫大的期待。

適值成立二十週年之際，ＳＧＩ常任理事會、理事會成立《ＳＧＩ憲章》制定籌備委員會，將「ＳＧＩ以甚麼為目的而前進」的理念和行動規範加以明文化。在十月十七日的ＳＧＩ總會上通過「ＳＧＩ決議」，以此為基礎，經籌備委員會不斷討論，徵得各國同意，制定了憲章。

《ＳＧＩ憲章》由十個目的及原則構成，主張以佛法為基調，貢獻於和平、文化、教育，以及尊重基本人權和信教自由、為社會繁榮作出貢獻、推進文化交流、保護自然與環境、陶冶人格等。

第七項是「以佛法寬容的精神為根本，尊重其他宗教，願對人類的基本問題進行對話，以及共同協助謀求解決之道」。

為了實現世界和平和人類幸福，重要的是立足於人類是命運共同體的認識，共同攜手前進。宗教也好，國家、民族也好，形成阻礙的最大原因是陷入自以為是和排外主義。為了共生共存，必須返回人這一原點，超越一切差異，互助協力。

創價學會在阪神大地震中也全力進行災民救援、支援活動，各國ＳＧＩ也以各種形式支援。對此，災民等很多人寄來感謝的書信。ＳＧＩ還和其他宗教團體合作，推進廢除核武器的運動。

為了推進人道活動，超越宗派和教團的框框而合作，無論是從宗教人士希望人獲得幸福的社會使命上，還是作為一個人，都是必不可少的行動。

而且為了同心合力解決問題，要對彼此的人格表示敬意，尊重別人的信條和文化背景。

本來各宗教創始人的願望，也在於實現人們的和平與幸福，解決苦惱。我們就是要對這種精神表示敬意。

經常有人將日蓮大聖人的「四箇格言」等批評為排他性強、自以為是。然而，大聖人並不否定他宗所依據的經典。在拜讀御書中，可以看到大聖人也引用各種經典來解說人的生存方式等。

《法華經》教導「萬人成佛」，是「諸經之王」，說明生命的實相，具足圓滿。

相反，其他經典並沒有講述令一切眾生成佛的法理，也沒有講說生命的整體相貌，只停留於部份觀。大聖人明確指出，把諸經絕對化、否定並排斥《法華經》是本末倒置的錯誤。

而且為了弄清符合釋尊本意的教義，大聖人要求和諸宗對話，進行法論，這完全是出於為了拯救民眾的目的。相反，諸宗僧侶拒絕對話，和幕府勾結，以讒言慫恿當權者對大聖人加以迫害，欲置他於死地。

即使如此，大聖人仍然說：「願、最初導引損我之國主等」（〈顯佛未來記〉，御書五三一頁），就是說要最先引導那些對他施加鎮壓的國主、僧侶成佛。這裏顯示了實踐佛法者充滿慈悲與寬容的生存方式。

這種希望救助他人的精神，就是我們行動的大前提。

對自己所相信的宗教抱有確信和自豪，向人們分享教義，是宗教徒理所當然的事。然而，這裏必須有傾聽並學習不同的想法、意見，使之更上一層樓的謙虛和向上心。不能因為宗教，使人與人之間變得越來越憎惡彼此，互相爭鬥。

宗教人士在現代的最大使命和責任，是加強立誓建構「沒有悲慘戰爭的世界」，立足於實現全球和平與幸福這一共同的根本目的，聯結人和人。為了這個目的，各個宗教應該協力，同時如初代會長牧口常三郎所言，以「人道競爭」為基調互相切磋琢磨。

ＳＧＩ以這《ＳＧＩ憲章》明確了實現世界和平的使命，更大地飛躍為人本主義的世界宗教。

翌年一九九六年，山本伸一繼續和平之旅。三月訪問香港，從五月底至七月上旬訪問北美和中美。

六月八日，在訪問美國期間科羅拉多州的丹佛大學授予他名譽教育學博士學位。

十三日，伸一於紐約的哥倫比亞大學教育學院進行題為《世界公民教育》的演講，訴說：世界公民是理解生命平等的「智慧之人」，是能夠尊重差異的「勇敢之人」，是能和人們共苦的「慈悲之人」；佛法所說的「菩薩」就是一個典範。教育是實踐「自他共同幸福」的菩薩行為。

第二天，伸一拜訪紐約的聯合國總部，出席和明石康副秘書長以及各國的聯合國大使的午餐會，交換意見。

二十四日，伸一應古巴文化部邀請訪問該國。他果敢地行動。因為行動是開啟新時代的力量。

古巴於一九九六年在經濟上、政治上都處於嚴峻考驗的漩渦中。隨着東西冷戰結束，蘇聯、東歐的社會主義政權瓦解，社會主義國家古巴失去了蘇聯這個強大後盾，更顯孤立。當年二月發生了古巴空軍擊落美國民航飛機事件，促使美國通過了一項國會法案（《赫爾姆斯—伯頓法》），加強對古巴的經濟制裁，局勢進一步緊張。

伸一在心中立誓：「正因如此，作為一個希望世界和平的人必須前往古巴。因為那裏有人。……也要和該國在教育、文化的層面開闢交流之路！」

動身去古巴前一週的十七日，伸一在紐約市內和前美國國務卿基辛格博士再次會見，重溫舊誼。基辛格博士談了自己對於美國和古巴改善關係的想法。

伸一說：「不管一時的公眾輿論或利害關係，應該為了未來，以堅定的信念和先見行動，架設起二十一世紀的和平橋樑，這是我的信條。」

二人開誠佈公地交談。

十九日，伸一從紐約飛往邁阿密，第一次造訪佛羅里達州的自然文化中心，並與五十二個國家和地區的代表，一起召開第二十一屆ＳＧＩ總會。

二十四日下午，他第一次訪問由加勒比海七百個島嶼組成的巴哈馬。當時沒有從美國直飛古巴的航班，必須經由第三國。巴哈馬是伸一訪問海外的第五十二個國家和地區。該國也有一男一女兩位會員在機場迎候他。

即使逗留四個多小時，伸一仍全力鼓勵二人，並贈言留念。

此地　也有ＳＧＩ　喜哉！
巴哈馬創價學會萬歲！

山本伸一一行從巴哈馬搭乘古巴政府派遣的蘇製飛機前往首都哈瓦那的何塞・馬蒂國際機場。

二十四日下午五點半過後抵達機場，哈爾德文化部長夫婦等眾多的政府要人前來迎接。

伸一表達了由衷的謝意，並說出自己的決心：「我雖然是一介平民，但我希望以『勇氣』和『行動』來將人與人、國與國的『分裂』變為『團結』。為了二十一世紀，我會竭盡全力開闢和平之路」。

雖然在古巴只逗留三天兩夜，但他在心裏發誓要盡量和更多的人締結友誼。他傾注全部精力參加每一項活動，與每一個人見面。

二十五日下午四點，伸一訪問哈瓦那大學。哈爾德文化部長在此向他授予國家勳章「費利克斯·巴雷拉一等勳章」，讚揚伸一對文化交流作出的貢獻。

哈爾德文化部長在授勳典禮上說：「山本會長是位『不屈不撓的和平行動者』，授勳是『祈願和平的民眾團結』的體現。」

接着舉行哈瓦那大學授予「名譽文學博士學位」的儀式，然後伸一進行題為《邁向新世紀——構築偉大精神之架橋》的紀念演講。

典禮進行中，晴朗的天空忽然烏雲密佈，傾盆大雨。會場的窗戶上電光閃閃，雷聲隆隆。雨水給酷暑的古巴帶來了涼意，但突如其來的雷雨過於猛烈。

伸一面對麥克風，這樣開始說：

「雷鳴——是多麼美妙的天籟啊！是上天在祝福人向『和平勝利』大大行進的『鼓聲』，是『壯大的交響樂』。

這場雨也是多麼美妙啊！上天像是在告訴我們：決不屈服於苦難，要在苦難的暴風雨中堂堂前進！」

場內響起熱烈的掌聲，人人的臉上浮現笑容。內心的深深共鳴在會場內擴張。

伸一在演講中說出了自己的想法：「在二十一世紀新的千年開始之際，我們要堅決建構以『尊重生命』為基礎的『希望』與『和諧』的文明。」

為此，他提出了三道「橋樑」，即互相聯結的道路。第一，啟發連結人、社會和宇宙的詩心，以恢復「生命的全體性」；第二，對他人的苦惱同苦，以此精神把人與人聯繫起來；第三，傾力於教育，為未來架設希望的橋樑。

當晚，他和古巴國務委員會主席菲德爾·卡斯特羅在革命宮進行了約一個半小時的會談。主席一向以軍裝示人，但這次穿西裝結領帶，滿面笑容地迎接伸一。讓人感受到其和平與友好的意志。

他們的話題涉及後繼者、培育人才、政治與人生哲學、世界觀等各方面，但談話一貫在確認「對話」和「文化」的力量是建設二十一世紀的和平的極大因素。

伸一強調古巴和世界的未來取決於「教育」。還談到，ＳＧＩ的運動是永遠以和平為基調、超越體制、以「人」為根本的國際運動；並訴說這是「所有人都是平等並享有尊嚴」的佛教思想的必然歸結，也是其具體的體現。

而卡斯特羅主席從心裏歡迎伸一一行，表明了為了相互理解，要積極進行古巴和日本的交流的意向。

二人會談完畢後，創價大學授予卡斯特羅主席名譽博士學位。卡斯特羅主席致謝並強調：「我認為此次ＳＧＩ各位訪問古巴，在主張人本主義是為和平作出貢獻這意義上非常重要。」他十分讚揚日本在資源少、土地狹小，還要面對地震、颱風等的環境中使國家發展，最後這樣說：

「日本人向世界顯示了『人是沒有不可能』的實證！」

伸一和主席結下了牢固的友誼紐帶。

在伸一訪問之後，古巴和日本積極地開展了文化、教育交流。

此外，二〇〇七年一月六日，古巴創價學會正式成為宗教法人，舉行了登記儀式。

美國對古巴的經濟制裁逐漸緩和，二〇一五年兩國恢復邦交。

一九九六年六月二十六日，繼古巴之後伸一首次訪問鄰接巴拿馬、有「中美洲的樂園」之稱的哥斯達黎加。這是他海外出訪的第五十四個國家和地區。哥斯達黎加是以憲法廢除常備軍，宣佈永遠並積極推行非武裝，成為中立國家。

第二天（二十七日），伸一在首都聖何塞市的總統府會見何塞．瑪麗亞．菲格雷斯．

奧爾森總統，然後趕到會員聯歡會，並贈送和歌。

哥斯達黎加
這裏也有
地涌之友
昂然闊步
常樂我淨人生

二十八日，舉行了「核武器——人類的威脅」展開幕典禮，這是首次在中南美舉辦的。菲格雷斯總統夫婦、諾貝爾和平獎得主奧斯卡·阿里亞斯·桑切斯前總統等也出席盛會。

展覽會場的哥斯達黎加科學文化中心還設有「兒童博物館」，孩子們在博物館玩耍的嬉鬧聲傳到典禮會場那邊。伸一致詞時，微笑着說：

「那熱鬧、充滿活力的聲音、身影，就是『和平』的景象。在這裏看到了抑制原子彈的力量，看到了希望。

兒童是不斷成長的『生命』的象徵。核武器是『死』與『破壞』的象徵。」

伸一訴說：「如何開發偉大的『生命力量』而非『核武力量』」、「如何擴展強而有力的『民眾網絡』，而不是『擴充核武』。相信這就是人本教育和民眾教育的重大課題。」

一九九七年二月，伸一訪問香港，五月進行第十次訪華，十月訪問印度。每一天都是和有限的時間搏鬥。

一九九八年二月，他訪問菲律賓和香港。五月又前往韓國，這是他第一次訪問韓國ＳＧＩ本部。

他又在一九九九年五月第三次訪韓，實現了訪問濟州島。

二〇〇〇年二月，他再次前往香港，十一月至十二月歷訪新加坡、馬來西亞、香港。在新加坡，伸一於十一月二十三日拜訪總統府，和Ｓ．Ｒ．納丹總統會見。

納丹總統是一位敦厚、擁有信念的人。

——一九七四年發生了日本赤軍成員等四人襲擊、破壞新加坡的煉油廠，劫持五名工人為人質的事件。當時，納丹總統作為國防部保安與情報司司長，以冷靜的、以堅定的信念談判，在最前線指揮。恐怖分子要求移送至科威特，並以日本和新加坡的政府官員陪同乘機為條件。

納丹司長親自登上飛機。事件最終沒有出現任何人命傷亡。若發生甚麼事情時，自己拚命解決，承擔一切責任——抱有這種覺悟，是領導人最重要的素質和條件。以保護自身為重，還是以保護民眾、國民為先？——人這種生存方式的本質在關鍵時刻，而且隨着歲月遞增而越發分明。時代愈益需要認真、誠實的領導人。

會見時，納丹總統坦率地說：「新加坡只是個小國，是一個新國家。」「而且是個擁有多民族、多宗教、多語言的國家。我們在各種困難中向着共同目的前進。」

伸一從總統一貫承擔責任的生存方式中，看見了持續發展的新加坡精神。

當伸一請納丹總統給肩負二十一世紀的青年贈言。總統大力讚揚學會青年部。

「我在數次的獨立紀念日典禮上看過新加坡創價學會的表演，非常精彩。不僅新加坡，也看過馬來西亞創價學會的表演。大家配合得非常好，很有紀律，能夠吸引人心。如此精彩的演出，究竟怎樣做到的呢？我每次都為之驚訝。

而且，學會以青年作為主體者參加。表演體現了佛法的教義。在新加坡社會，人的素質也變得更加重要。在這個意義上，創價學會對於社會和國家作出很大貢獻。」

最讓伸一感到高興的是，學會在社會上得到如此的信任和期待，後繼的青年備受讚賞。

肩負下一代的青年成長，弟子取勝，就是自己的喜悅、快樂和希望——這就是師匠的心，就是師弟的紐帶。

翌日二十四日，澳大利亞的悉尼大學授予伸一名譽文學博士學位。授予儀式在新加坡以及周邊國家的留學生的畢業典禮上舉行。

會場是在新加坡中心地帶的一家酒店。

悉尼大學是澳大利亞的第一所大學，向世界開放，約有三千名留學生在那裏學習。亞洲的留學生尤其多，新加坡也是其中之一。

考慮到希望能讓長時間分離的家人和朋友看到留學生的成長姿態，所以在新加坡和香港舉行畢業典禮。這個細心周到的安排體現了以學生為中心的教育思想。

「為學生而有的大學」的觀點就是人本教育的牢固的基礎。

伸一和克雷默校長等人一起隨着嘹亮的喇叭聲進場。悉尼大學在新加坡舉行的畢業典禮正式開始。

該校的克雷默校長和金妮亞副校長助理都是女教育家，特別是校長，致力於各種社會貢獻活動，備受推崇，被推選為澳大利亞的「國寶」。

金妮亞副校長助理宣讀推舉辭，克雷默校長給伸一頒授名譽學位證書。

接着，向學生頒發畢業證書。當叫到名字，四十五名畢業生依次走到校長前面，領取證書。此時校長跟每個人親切說話：

「現在在挑戰甚麼？」

「要好好為社會作出貢獻啊！」

「一邊享受過程一邊前進很重要呢！」

那情景就像是母親疼愛、鼓勵自己的孩子，無比溫馨。伸一從中感受到充滿愛心的巨大教育力量。

他在致謝辭中談到，創價教育之父牧口常三郎初代會長在一九〇三年出版的《人生地理學》中，以自己身穿的毛織衣服的原料是澳大利亞產為例，論說任何人的生活都和世界上無數人的勞苦息息相關。還講述了牧口因日本軍部的鎮壓而死在獄中。

「在帝國主義猖獗的時代，牧口會長一早就敦促人們自覺『地球上的相互依存性』，呼籲為他人作出貢獻，自他共同繁榮的『共生哲學』。

他又強烈地提倡要結束在『軍事』、『政治』、『經濟』層面壓迫他人的硬實力階段，以『人道』作為新的指標，通過文化、精神性、人格的軟實力切磋琢磨。」

伸一展望，二十一世紀必須是一個以人道為基礎，關懷他人，自他共同繁榮的共生的時代。

二十五日，伸一訪問新加坡創價幼稚園。這是他第二次訪問幼稚園，而淡濱尼的新園舍卻是第一次。

園生向伸一和峯子獻花。他邊說「謝謝！」邊和每個園生握手。有的孩子高興得歡叫，有的孩子則顯得很害羞。

「很高興見到你們。我昨天看過大家的作品集，大家都做得非常好。」

孩子用日語天真地合唱，一邊放聲歌唱，一邊使勁兒左右搖晃細小的身體。伸一也一起打拍子。

「你們的日語也很好呢。」

大家的臉上笑容綻開。

看到這情景，園長感慨地說：

「孩子的表情瞬間都明亮了，那是『自己被愛護』的滿足表情。」

園內也張貼着園生用英語寫的決意卡。

「先生創造世界和平，所以我要當飛行員，帶大家到不同的國家。」

「先生太忙碌工作了，非常感謝您！為了不辜負先生的愛，我也會努力學習。」

伸一對峯子說：「真難得呀，二十一世紀令人期待。」

他看見了架向未來的希望彩虹。

離開幼稚園後，伸一一行首次訪問新加坡創價學會本部，出席世界廣布四十週年紀念大會。

他在這裏拜讀御文：「但有南無妙法蓮華經七字，方是成佛之種。」（〈覆九郎太郎書〉，御書一六三八頁）並且說：

「無論發生甚麼事，都要相信御本尊，徹底唱唸題目。把御本尊當作母親，當作父親，把高興的事和痛苦的事全都說出來就可以；如實地將心中所想的傾吐出來就可以。全都一定會通達御本尊的。」

伸一於二十六日出席新加坡和澳大利亞的聯合最高會議。席上，他從新加坡被稱為「獅城」而談到佛法說的「師子」。

「佛法把佛叫作『師子』，把佛的說法叫作『師子吼』。大聖人所說的『師子』包含了『師弟』的意義。《法華經》教說，和師——佛共同活到底，弟子即眾生也能有和師同樣偉大的境界。」

一般來說，師弟關係是具有崇高精神性，只有人才能締造的特權。無論是藝術的世界、教育的世界，還是工匠技術的世界，要提升自己的地方必有師弟的世界。

伸一對青年強調：「有『人生之師』就是有『生存方式的規範』，尤其是沒有比師弟共同為人類幸福與和平的大理想而活到底更美好的世界。

師弟不二的共同奮戰是使廣宣流布永垂不朽的生命線。能否使廣布的流水變成滋潤末法萬年的大河，完全取決於後繼的弟子。

戸田先生經常說：『有伸一就不用擔心！』、『有你就安心！』。我現在也堅信，有在師子之路前進的你們，世界廣布就堅如磐石，我就可以安心。」

他引用「各各須取出獅子王之心，莫畏他人如何威脅」（〈聖人蒙難事〉，御書一二三八頁）的教導，指出師子王之心就是「勇氣」。

「勇氣，人人也平等地擁有。勇氣是打開幸福這無盡的珍寶大門的鑰匙。然而，很多人封閉了此勇氣之心，在怯懦、軟弱、迷茫的波浪中漂流。大家要鼓起勇氣，衝破心中的怯懦。這就是人生取勝的要因。」

未來是屬於青年的。因此青年有責任成長為保護民眾的師子王。

十一月二十七日傍晚，伸一一行從新加坡飛抵馬來西亞首都吉隆坡國際機場。時隔十二年，伸一第二次訪問該國。

在這十二年裏，不管是馬來西亞社會還是馬來西亞創價學會都有了顯著的發展。吉隆坡高樓大廈林立，特別是一九九八年建成的雙子塔是當時世界上最高的建築物。

學會的會館也很充實，在吉隆坡中心地區正在建設十二層的馬來西亞創價學會綜合文化中心，預計翌年（二〇〇一年）竣工。馬來西亞十三個州中的十二個州將興建漂亮的中心會館。

二十九日，在馬來西亞最大的綜合大學國立博特拉大學校肅穆地舉行名譽學位特別頒贈典禮，授予伸一名譽文學博士學位。

典禮滿溢真心與友情。

朗讀推薦辭的是位女教育家、教育系主任卡馬里亞・哈吉・阿普・巴克。她在致辭時加插了自己的詩句來表達對伸一的欽佩之情，而且又突然從馬來語變為日語。

「山本先生！您是偉大的人，願山本先生的畢生夢想——『世界和平』能夠實現。」

她想：「完全用馬來語的話不能傳達自己的真實想法」，因此學習日語，最後直接用日語來說。

檳城總督兼校長敦韓旦頒發名譽學位證書給伸一。

伸一致謝辭時說：「真正的友情對話超越民族、國境，超越利害，超越所有分裂的壁壘。

而且要一邊互相尊重多樣性，發揮多樣性，一邊攜手在寬容、共生、創造的大道上前進，這就是最重要的道路。尤其是用教育締結的友情，是保護和平與幸福的最堅固的盾牌。」

伸一感到博特拉大學授予他名譽學位具有深遠的意義。馬來西亞以伊斯蘭教為國教，而該國的國立大學表彰佛教徒的他。

這證明了，當回歸為和平、為人的幸福這原點，就能超越宗教的分歧，作為人而互相產生共鳴，互相理解，也顯示了伊斯蘭教的寬容性。

為了讓人與人之間的分裂、互相仇視的時代劃上句號，二十一世紀跨宗教的對話、跨文明的對話變得越來越重要。

之後在二〇〇九年、二〇一〇年，伸一又分別獲馬來西亞開放大學、馬來亞大學頒授名譽人文學博士學位。

十一月三十日，伸一在總理府第二次和馬哈蒂爾總理會見。「青年是珍寶」，二人暢談對未來的熱切心願。

十二月一日，他首次訪問馬來西亞創價幼稚園，接着出席在馬來西亞文化會館舉行的紀念世界廣布四十週年的馬來西亞創價學會代表會議。

熱烈的掌聲震撼整個會場。

馬來西亞創價學會取得了令人瞠目的發展。

在伸一入場前，理事長柯浩方宣佈：「我們勝利了！」

他們締造了一項項的勝利：在國家活動上演了讓人嘆為觀止的五千人的人文字表演，獨立紀念日的青年部巡遊、體操，被讚嘆為社會貢獻之模範的慈善文化節，成為女性世紀先驅的婦人部、女子部的「女性和平會議」……。

這些正就是活出「佛法即社會」的原理的實踐佛法者發自深遠使命感的行動。

柯浩方理事長說：「因為我們是真心誠意地走過來。因為我們珍惜每分每秒，決心於『現在這一刻』取勝而奮鬥過來。」

伸一在此日的講話中談到「『心之財』才是三世永遠的財寶」，「幸福宮殿就在自身中」，並贈送一首俳句。

世界第一
　勝利之都
　　馬來西亞

山本伸一的鼓勵之旅移師到香港。這是二十世紀的世界之旅的終站。

十二月四日，他出席了在香港ＳＧＩ總合文化中心舉行的香港澳門最高協議會，為紀念這次即第二十次訪問香港而贈送了一首和歌。

為二十次
　香港廣布
　　高呼萬歲

伸一一邊追懷自一九六一年一月起訪問香港的回憶，一邊介紹廣布的草創功臣之一的故周志剛的奮鬥。

誓　願

「周志剛幾天就會寫一封信，捎去鼓勵分散在新加坡和馬來西亞等地的同志。如果發生甚麼問題，就會兩天寫一封信，有時候甚至會連續數天寫信去鼓勵。」

他擔任貿易公司的經理，在繁忙的工作中，作為香港廣布的中心者致力活動，更持續寫信鼓勵亞洲的朋友，可想而知是多麼辛勞的工作。而且相當於用上五張、十張四百字原稿紙份量的信也不少。」

當時電話仍未普及，互聯網也未發達。他費盡心血不斷持續鼓勵同志。

「其中一封寄給某個區域的中心者的信裏寫着：『要多創造能與會員衷心對話的機會。而能夠做到這樣的對話的就只有家庭探訪。通過家訪能夠與同志敞開心扉對話，加強緊密的聯繫，增加互相信賴。這一點說易行難。』」

人的身體如果血液不流通，就不能運作。組織也同樣，讓信心的血液在學會的組織裏流通的，就是家庭探訪和個人指導。正因為這樣貫徹奮鬥，創價學會才能作為人本主義的組織持續發展過來。衷心珍視每一個人，真心為對方着想，不斷進行踏實的對話和鼓勵——這正就是讓個人和組織也永遠地成就嶄新的飛躍發展的要訣。

伸一在香港澳門最高協議會上談到香港的光輝歷史。

「邁出大聖人的未來記即佛法西還的步伐，就是從這裏香港開始。而且一九七四年五月到六月架設日中友好的『金橋』的首次訪華，也是從香港這裏出發，然後回到香港。

此外，我與全球七十三所大學（當時）展開的學術教育交流，即創價大學締結的『第一所交流學府』是香港中文大學。另外，海外首所創價幼稚園也是在香港開校（一九九二年）。」

然後，伸一強而有力地鼓勵香港和澳門的會員：「請大家在二十一世紀，也要為這個尊貴的大使命活到底。」

恰好於這年二月，在印度的創價菩提樹園，期待已久的講堂也落成。前一個月的十一月二十六日，慶祝創價學會創立七十週年的印度創價學會總會，在創價菩提樹園盛大地召開。在月氏國印度，日蓮大聖人的太陽佛法正開始燦爛地發放光輝，照耀社會。伸一實感到，二十一世紀的壯大亞洲廣布和世界廣布的大道正在大大地打開。

五日晚上，伸一和峯子應邀到香港陳方安生政務司司長官邸晚宴。陳司長於一九九三年出任僅次於港督的布政司一職，是首位華人兼女性布政司；一九九七年香港回歸後，擔任僅次於行政長官的政務司司長。

陳司長的母親是現代中國國畫大師方召麐。此時，東京富士美術館正在舉辦由創辦人伸一提議的「方召麐的世界」畫展，廣獲好評。伸一於一九九六年在香港大學和他們母女二人一同獲頒授名譽博士，之後一直加深交流。

伸一一行受到方氏家族歡迎。他們祈願香港和中國未來的繁榮交換意見。放眼眺望的「香港百萬夜景」，美不勝收。

七日，山本伸一參加香港中文大學的名譽學位頒授典禮，接受首位日本人獲頒授的名譽社會科學博士榮銜。他在一九九二年擔任該校的「傑出訪問教授」，當時並以《中國的人本主義傳統》為題進行演講。

八日，伸一踏上歸途。從香港出發前往常勝之都關西。他就任會長後，最先到訪的就是大阪。而二十世紀在國內進行的各地指導，最後也是以大阪作終點站。他很想和關西同志一同開啟邁向二十一世紀的嶄新門扉。關西的每一位都是與伸一苦樂與共，以不屈不撓的精神奮鬥過來的同志。

常勝之友的面容閃閃生輝。

十日，伸一出席關西代表者會議。

他指出，快要進入「女性的世紀」，期待「關西成為女性世紀的模範！」然後他呼籲：「壯年部要與男子部成為一體，婦人部要與女子部成為一體，請壯婦的大家好好守護、愛惜、鼓勵、培育青年。」

十四日，在大阪豐中市的關西戶田紀念講堂召開向二十一世紀出發的本部幹部會。這次幹部會包含着關西代表幹部會和關西女性總會的意義。

「從明年二〇〇一年起，朝向二〇五〇年，開始『第二次的七個響鐘』！」

伸一談及嶄新的「七個響鐘」的構思，呼籲大家以民眾的團結，定要將二十一世紀構築為「人道與和平的世紀」。

此外，他介紹了在世界活躍的女性領導的出色奮鬥。

「大聖人說：『女子開展家門』（〈覆上野書〉，御書一六五一頁，白話）。在廣宣流布永遠前進上，開展『福德之門』、『希望之門』、『常勝之門』的是女性，尤其是女子部。」

擴大美好的婦女一體的對話、擴大鼓勵，就是二十一世紀的新力量。

歡欣愉快地迎來了二〇〇一年「新世紀全勝年」。這是邁向「希望的二十一世紀」和「第三個千年」的新出發。

山本伸一在《聖教新聞》的新年號上刊載了和歌。

新世紀　新的舞台是世界
決意一新　心中火焰熊熊

一月二日，伸一迎來了七十三歲的生辰。他定下了七十歲以後十年的奮鬥指標為「奠定世界廣布的基礎」。

五月三日，美國創價大學在奧蘭治郡舉行了期待已久的開學禮。肩負人類和平、培育嶄新的世界公民的學校誕生了。就任校長的是創價高校和創價大學的第一屆畢業生矢吹好成。

伸一將滿腔的期待寄託在開學禮賀詞中，明示了要以「培育『文化主義』的社區領導人」、「培育『人本主義』的社會領導人」、「培育『和平主義』的世界領導人」、「培育捍衛自然與人類共生的領導人」為「指針」。

九月十一日，在美國發生了四架民航客機被劫持，其中兩架客機撞向紐約世界貿易中心大樓，另一架撞向美國國防部五角大樓的「九一一恐怖襲擊事件」。

事件造成了約三千人死亡，超過六千人受傷的悲劇。美國政府認定這是伊斯蘭恐怖分子所犯的罪行，宣佈要發動「反恐戰爭」，對頭號嫌疑犯匿藏的阿富汗展開了軍事攻擊。其後，恐怖襲擊又在歐洲等地多次發生。歐洲等地頻頻發生伊斯蘭激進派主導的自殺式恐怖襲擊。

無論高舉怎樣的大義，奪取人生命的恐怖襲擊是絕對不能容許的。

在這次恐怖襲擊事件發生後，美國ＳＧＩ立即設置緊急對應本部，支援救援活動和捐獻救助金等等，盡全力做能做的事情。還積極進行宗教之間的對話。和平、反戰和消除暴力是超越教義的人類共同道路，宗教本來就是為此而有的。

伸一在恐怖襲擊事件過後，不論在與各國的有識之士會見，還是在日本接受各大報章的採訪，也強調現在正是要掀起「和平」與「對話」的輿論浪潮之時。

他於翌年的紀念一月二十六日「ＳＧＩ日」和平倡言也談到「跨文明對話」是二十一世紀人類的重要基石，同時呼籲設立一個以聯合國為中心的恐襲對策部門。此外，他提出作為消除恐怖襲擊的方法，從「人的安全保障」的觀點去解決人權、貧困、裁軍等問題，全球必須同心合力採取行動。

他感到，全世界同志推進的草根網絡掀起和平潮流之時已經到來。本來和平之道就是一條「險峻的道路」。恆久和平是人類的夙願，是至今仍未達成的最難的課題。正因如此，這就是創價學會出現於世的原因！正因如此，才有使人間革命成為可能的佛法！要以對話構築友情和信義的民眾大網絡！

而且，創造人類的和平之道，就只有靠教導正確的價值觀和生命觀的教育。這才是長期的、根本的對策。必須指向「尊重生命的世紀」、「人本教育的世紀」。

二〇〇一年十一月十二日，祝賀十一月十八日「創價學會創立紀念日」的本部幹部會在東京戶田紀念講堂盛大地召開。幹部會同時包含着第一屆關西總會、北海道光榮總會、紀念男子部和女子部結成五十週年幹部會的意義。

伸一在演講時，一邊衷心慰勞全體同志的辛勞，一邊大力鼓勵說：「『要下定決心非勝不可，奮勇前進！』『人生無論發生甚麼事也要以信心前進！』——這就是佛法實踐者的精神。」

然後，他懷着向青年託付後繼接力棒般的心情說：「在廣宣流布的前進上，關鍵就在於有沒有『真正的弟子』。」

廣宣流布這大偉業，決不是一代就能達成的。只有從師匠到弟子，再傳給弟子這樣一代一代傳承下去才能成就。

伸一的嚴厲聲音震響。

「我無法忘懷戶田先生在水滸會的集會上這樣說過：

『只要有核心青年，不，只要有一個真正的弟子，廣宣流布就一定能達成。』

『那個人』是誰？是誰遵照戶田先生的教導，拚命把這佛法向世界宣弘至今？我一直懷着『那個人就是我！』這份驕傲和自負。

希望各位青年部要堅決繼承此嚴峻的『創價三代師弟的精神』。繼承師弟精神的人就是『最後的勝利者』。同時，這正是創價學會於二十一世紀取勝到底的『根本之道』，是實現廣宣流布大誓願的道路，是創造世界和平的大道。

拜託你們了！男子部、女子部、學生部！還有全世界的青年們！」

「是！」這朝氣勃勃的回應在講堂中迴盪。

在會場後方掛着初代會長牧口常三郎和第二代會長戶田城聖的肖像畫。伸一感到二人在微笑、點頭，以慈愛的目光關注着青年和同志。

他在心裏對青年說：「來吧，一起出發吧！活着就要奮戰到底！要一邊嘹亮地敲響第二次的『七個響鐘』，一邊威風堂堂地前進！」

在他眼裏，展現了威風凜凜的創價年輕雄鷹的英姿，沐浴在第三個千年的旭日，澎湃地向世界的長空展翅高飛。

那是為廣宣流布的大誓願而活到底的地涌菩薩的壯大陣容。

獻給創價的先師牧口常三郎先生、

恩師戶田城聖先生，

以及尊貴的佛使、「寶友」——全世界的創價同志

二〇一八年八月六日於長野研修道場完稿

池田大作

（小說《新．人間革命》全三十卷完結）

後記

新的歷史門扉已開啟。日蓮佛法的太陽在二十一世紀的天空燦爛升起，創價人本主義的旗幟在世界一百九十二個國家和地區飄揚。

創價學會實現了「一閻浮提廣宣流布之事，尚有何疑」（〈撰時抄〉，御書二八三頁）此日蓮大聖人的金言，開闢了潤澤末法萬年的世界廣宣流布悠久長河。記述此廣布誓願與建設和平進程的《人間革命》（共十二卷），續篇的《新·人間革命》共三十卷到此完結，出版成書。

《人間革命》從一九六四年十二月二日開始撰寫，歷時五十四年，自提筆書寫《新·人間革命》歷時二十五年——對於弟子傾注心血寫成的創價廣布「日記文書」，想必恩師戶田城聖先生正面帶微笑，頷首讚許。

《人間革命》是從日本在第二次世界大戰即將戰敗的一九四五年七月三日，因軍部鎮壓被捕入獄的戶田出獄開始描寫。他繼承對抗軍部鎮壓、死於獄中的初代會長牧口常三郎的遺志，着手重建處於毀滅狀態的學會，就任第二代會長。他與弟子山本伸一一起達成七十五萬戶弘教的畢生願業，奠定日本廣宣流布的基礎，在一九五八年四月二日去世。小說以伸一就任第三代會長作結。

我決心撰寫戶田先生的傳記小說《人間革命》，是為了要把遭受世人誤解和中傷的戶田先生的「真實」公諸於世，向世界宣揚先生的偉大，同時為後世留下「創價的精神正史」與「真實的信仰之道」。

一九六五年元旦開始在《聖教新聞》上連載的《人間革命》，於一九九三年二月十一日連載完畢後，就收到許多來自全國會員熱切希望連載續集的聲音。

師匠的真正偉大，是由繼後的弟子如何活出一生、完成了甚麼而得到證明的。而且為了讓恩師的精神永遠流傳下去，必須寫下後繼的『弟子之道』。再加上聖教新聞社的盛情邀請，我決心將寫作作為我的使命，應允撰稿。

動筆撰寫續篇《新·人間革命》是在那年的八月六日，地點在長野研修道場。研修道場所在地輕井澤是我和戶田先生於一九五七年八月一起度過最後一個夏天，我下決心書寫戶田先生的傳記小說，充滿回憶的天地。而八月六日是廣島被投下世界第一顆原子彈四十八週年的日子。我決定在這個地方、這一天開始撰寫《新·人間革命》。

前作《人間革命》是在一九六四年十二月二日，太平洋戰爭中成為悽慘的陸上戰場的沖繩開始撰稿，開首這樣記述：

「沒有比戰爭更殘酷！

沒有比戰爭更悲慘！」

而《新·人間革命》由以下文句開始：

「沒有甚麼比和平更寶貴。

沒有甚麼比和平更幸福。

和平才是人類應邁進的根本的第一步。」

世界廣宣流布的目的，正就是實現全人類的幸福與和平。這兩句開首話語，包含着我要繼承先師和恩師的精神與思想，定要讓「戰爭」的世紀轉換為「和平」的世紀此弟子的永遠誓言。

我在六十五歲時動筆書寫《新·人間革命》，預定到完結為止共三十卷。那是在奔走日本國內甚至海外當中進行的工作。我是抱着「與有限的生命時間的壯烈搏鬥」的決心書寫的。

連載從一九九三年十一月十八日開始。

我每天也全神貫注、無比認真地撰寫。一邊想着全國、全世界各地勇敢地勤勵信心的寶貴同志，一邊懷着要編織生命的話語、為每一位同志送上鼓勵的心意而不斷推敲。同時，這也是一邊在心中與恩師對話一邊進行的奮鬥。「要留傳創價的精神！要徹底完成今生的使命！」——恩師的聲音在我腦裏迴響，總讓我驅走疲勞，湧現勇氣。

寫完第三十卷最後一章（第六章）〈誓願〉，正好是提筆滿二十五年的二〇一八年八月六日，地點與開始提筆時一樣在長野研修道場。而開始書寫這篇章時早就決定，要在一九五七年戶田先生發表《禁止原子彈氫彈宣言》的九月八日這一天結束報上連載，因為這天正是創價學會和平運動的原點之日。為了實現先生對和平的遺訓，我奔走全世界，與同志們一起掀起了創價人本主義的潮流。結束譜寫後繼歷史的小說連載，我認為這天最為合適。

小說《新·人間革命》是從山本伸一在一九六〇年五月三日就任第三代會長五個月後的十月二日，最初出訪海外時開始書寫。他在日本國內構築民眾凱歌的廣布大城，同時也走訪世界五十四個國家和地區，播種妙法的「和平種子」，架起一道又一道教育、文化交流的橋樑。而小說最後寫到學會一直作為大目標而奮鬥過來的二〇一〇年十一月為止。

期間，將世界一分為二的東西冷戰也結束。還有，東西兩大陣營的其中一個核心國家蘇聯也解體。伸一在冷戰如火如荼中，尋找融合世界的道路，與阿爾諾德·湯恩比博士為首的多位世界有識之士不斷對話。在中蘇對立的鴻溝愈益加深之時，伸一數度訪問中國和蘇聯，與蘇聯柯西金總理、中國周恩來總理會見。他也訪問美國，與基辛格國務卿會談；進而，又與蘇聯戈爾巴喬夫總統多次會見暢談，加深友誼。

佛法教示萬眾皆具備「佛性」，是主張「尊重生命」、「人生來就是平等」的大哲理。而且，佛法的「慈悲」是人道的規範。佛法正就是化「不信」為「信賴」、化「憎惡」為「友情」，根絕一切戰爭，實現恆久和平的偉大思想。伸一的和平之旅，就是為了使基於佛法法理的人本主義成為時代之精神，是一項連結世界的挑戰。

對於向世界廣布邁進的學會而言，成為飛躍進展的一大轉機就是脱離腐敗、墮落、徒具形骸的宗門，贏得「精神的獨立」。

學會一心一意為了推動大聖人遺訓的廣宣流布，忍受着僧侶藐視信徒的不合理待遇，希望僧俗和合，克盡外護宗門之赤誠，然而宗門陷入教條主義，倚仗袈裟的權威，否定世界遺產的文化藝術，妄自將之斷定為「謗法」。此外，他們沉醉於權力，以法主為最高權威的僧侶支配信徒，不講理的僧俗差別日益嚴重，違背大聖人的精神，踐踏佛法教說的「尊重生命」和「萬眾平等」的精神。

這種種行徑都歪曲了大聖人的佛法，與實現人類幸福和世界和平的教導背道而馳。學會吶喊「回歸大聖人的精神！」為宗教改革而挺身勸諫宗門。可是宗門卻要求佛意佛敕的廣宣流布團體學會自動「解散」，進而發出要把學會「逐出宗門」的通告。

他們寄來通告的一九九一年十一月二十八日，就成為創價學會擺脫宗門枷鎖的「精神獨立」紀念日。驅走了阻擋創價前進的烏雲，世界廣宣流布的大道豁然開朗。學會作為真實的世界宗教，向二十一世紀展翅翱翔的黎明因而到來。

《人間革命》和《新·人間革命》的主題同樣是「一個人偉大的人間革命，將能轉換一個國家的宿命，進而能夠轉換全人類的宿命」。

那麼，該如何「轉換宿命」？

戶田先生的「獄中悟達」就教示了這個方程式。先生在獄中為了領會《法華經》的真理，再三精讀和唱題。他悟達到自己也與日蓮大聖人一起出現在《法華經》所述的虛空會會座上，是接受末法廣宣流布付囑的地涌菩薩。他在大歡喜中誓願為廣宣流布奉獻一生。

如同聖訓所云：「若與日蓮同意，當是地涌菩薩」（〈諸法實相抄〉，御書一四三〇頁），恪遵大聖人的遺命，為廣宣流布而活的我們，正就是不折不扣的地涌菩薩。但是，為甚麼我們這群要達成廣布聖業的尊貴菩薩會背負着各種各樣的痛苦宿業出生於世呢？

《法華經·法師品》有云：「藥王！當知是人自捨清淨業報，於我滅度後，愍眾生故，生於惡世，廣演此經。」——積聚善業、能生於善處的人，因為哀憫佛滅後的眾生，而甘願背負惡業，出生在惡世，弘揚妙法。妙樂大師將這一節經文解釋為「願兼於業」。

我們正如這項原理，誓願為拯救苦惱的人，帶着病苦、經濟困難、家庭不和或孤獨感、自卑感等種種宿命，出現在惡世末法。但若唱誦南無妙法蓮華經，努力實踐自行化他的信心，致力於廣布的話，就會湧現地涌菩薩飽滿的生命、佛的偉大生命。我們的生命就會滿溢超越任何苦難、困難障壁的智慧、勇氣、力量、希望與歡喜。只要勇敢地戰勝「宿命」的暴風雨，證明佛法的正義和偉大的功力，就能夠推進廣宣流布。不，是為了如此而勇敢地承擔苦惱。

也就是說「宿命」與「使命」是表裏一體的，「宿命」會原原本本地變為這個人本有的尊貴「使命」。要是為廣布活到底的話，就絕對沒有無法轉換的「宿命」。

人人都是地涌菩薩，擁有幸福起來的權利。人人都是在人生的舞台，上演將漫天風雪的嚴冬變為陽光明媚的春天，將苦惱變為歡喜的勝利劇的主角、名演員。

小說《新．人間革命》就是以此「宿命即使命」為主旨，發展故事的內容。佛法的精髓教導指出要靈活地看待事物，闡明「煩惱即菩提」、「生死即涅槃」、「變毒為藥」等將一切轉換的生命力。並且在苦惱之人的生命深處看見「佛」。「佛」指示喚醒、發現人本有的至尊善性、創造性、主體性的道路。這項生命的變革，我們稱為「人間革命」。

不論建設社會、國家、世界，主體都是人。不論「憎惡」、「信賴」、「蔑視」、「尊敬」、「戰爭」、「和平」，都從人的一念中產生。因此，沒有「人間革命」就不可能有自身的幸福、社會的繁榮、世界的恆久和平。欠缺了這一點，所付出的種種努力也會變成沙上樓閣。以佛法為根幹的「人間革命」哲學，將成為已展開出發的「第三個千年」的世界新路標。

「不朽的精神必須建基於同樣的不朽行動。」（《托爾斯泰全集》四十五）是文豪托爾斯泰的箴言。我從心底祈願創價同志以小說《新．人間革命》的完結為新出發，作為

「山本伸一」而奮起，為了朋友的幸福而奔走，不間斷地以不屈的行動譜寫自身「人間革命」的光輝歷史。

只要這個世上還有「不幸」，就必須愈益奮勇地、絢爛地編織廣宣流布這幅人間革命勝利的大畫卷。因此我們「廣布誓願」的師弟之旅持續不息。

最後我要向為封面提供畫作的已故東山魁夷畫伯，二十五年來擔任插畫的內田健一郎畫伯，聖教新聞社的編輯、出版人員，和所有相關人士、所有讀者，致以衷心的感謝。

寫於《新·人間革命》報章連載完結之日
於東京信濃町創價學會總本部

池田大作
二〇一八年九月八日